반항하는 의사들

곽경훈

반항하는 의사들

의사들

파라켈수스부터 에버렛 쿱까지
세상을 바꾼 12명의 의사 이야기

원더박스

모든 과일이 딸기와 동시에 익는다고 상상하는 자는
포도에 대해서는 아무것도 모른다.

파라켈수스

우리는 히포크라테스의 후예가 아니다

거리에서 똑같은 옷차림을 마주하면 어떤 기분일까? 외투, 상의, 하의 가운데 하나만 같은 것이 아니라 머리부터 발끝까지 죄다 판박이 같은 사람을 마주하면 대부분은 기분이 좋지 않을 것이다. 나만의 독특한 개성이 사라진 느낌, 고유한 정체성을 빼앗긴 듯한 기분에 매우 불쾌할 가능성이 크다.

그런데 재미있게도 생각에 대해서는 상황이 완전히 다르다. 대부분은 남과 다른 생각, 속한 집단이 공인한 이론에 반대하는 의견을 품는 것을 두려워한다. 우연히 그런 의견이 떠오르면 황급히 떨쳐 버리고 행여 다른 사람이 눈치챘을까 걱정한다. 주변에 그런 의견을 지닌 사람이 있으면 재빨리 거리를 두고 엮이지 않으려 노력한다.

모든 사람이 그렇게 행동하면 사회는 발전하지 못하고 점차 쇠락하며 인류의 운명도 막다른 길에 도달할 것이다. 다행히 어느 시대, 어느 사회에나 남과 다른 생각을 품고 기꺼이 속한 집단이 공인한 이론에 어긋나는 의견을 펼치는 소수가 존재해서 인류는 지금껏 쇠락하지 않고 번성할 수 있었다.

르네상스가 절정으로 향하던 16세기 초 스위스 바젤에도 그런 사람이 나타났다. 스스로 '고대의 대가를 뛰어넘는 자'란 자신만만한 별명을 지은 사내는 1527년 6월 24일 바젤 대학 정문 근처에서 짧게는 1500년, 길게는 2000년 동안 의학에서 철옹성 같은 권위를 누린 갈레노스와 이븐 시나의 책을 불태웠다. 파문할 것이라며 협박하는 교황의 편지를 불태운 마르틴 루터를 떠올리게 하는 이 행위에 의학계는 경악했다. 그러나 그의 업적은 단순히 고리타분한 의학계를 괴롭히는 것에서 멈추지 않았다. 그는 히포크라테스와 갈레노스 이래 거의 변하지 않은 의학 이론을 부정했을 뿐만 아니라 현대 의학의 씨앗에 해당하는 새로운 주장을 펼쳤다.

그 무렵까지 의학은 세상 만물을 설명하고 바라보는 철학에 가까웠다. 히포크라테스와 갈레노스, 이븐 시나 모두 자신이 깨달은 '세상 만물의 원리'를 인간에게 적용했다. 그래서 그들이 만든 이론은 모든 질병을 설명할 수 있었고, 이론적으로는 모든 질병을 치료할 수 있었다. 질병은 세상 만물의 원리가 깨어져 발생한 것이므로 그 원리만 바로잡으면 치료하지 못할 질병이 없기 때문이다. 혈액이 과도한 사람에게는 사혈을 시행하고 점액이 지나치게 많은 사람에게는 건조한 기운을 지닌 음식과 약초를 처방하는 식이었다. 고대와 중세의 의사들의 '논리'로는 모든 질병을 치료할 수 있었으나 실제로는 질병 대부분에 무력했다. 그래도 모든 질병을 설명할 수 있고 모든 질병을 치료할 수 있다는 이론은 너무 매력적이라 짧게는 1500년, 길게는 2000년 가까이 의학계를 지배했다. 그래서 고대부터 중세,

심지어 르네상스를 넘어 18세기까지도 환자의 생명을 오히려 위태롭게 하는 상황이 빈번했다.

사내는 그런 이론에 반발했다. 의사의 머릿속에서만 위력을 발휘하는 철학적인 이론이 아니라 직접 관찰한 결과를 토대로 질병을 분류하고 규명하여 환자를 치료하라고 주장했다. 그러니까 근거 중심주의에 기반한 냉정한 과학 기술에 가까운 현대 의학의 씨앗을 뿌린 셈이다.

그래서 엄밀히 따지면 현대의 의사는 히포크라테스의 후예가 아니다. 그저 히포크라테스 선서가 의사의 직업 윤리를 상징하는 의미를 지닐 뿐이다. 현대 의학의 진정한 아버지는 히포크라테스와 갈레노스가 아니라 1527년 6월 24일 바젤 대학 정문에서 대가의 서적을 불태운 반항하는 의사, 파라켈수스다. 그러니 오늘의 의사는 파라켈수스의 후예인 셈이다.

실제로 환자의 생명을 구하는 진정한 의학, 그러니까 현대 의학은 19세기 후반에서야 겨우 힘을 발휘했고 20세기 중반에 접어들어 본격적으로 사람을 살리는 '기적'을 행하기 시작했다. 물론 그런 현대 의학은 하루아침에 이루어지지 않았다. 르네상스부터 많은 의사와 의학자가 기존의 고리타분한 체제에 반항하며 싸웠기에 가능했다.

그들 가운데는 영웅에 어울리는 고결한 인물도 있고 고집불통의 편협한 인간도 있으며 끔찍한 국수주의자도 있고 핍박받는 유대인도 있다. 그러나 그런 차이에도 불구하고 그들 모두 현대 의학의 성립을 위해 헌신했던 반항아이며 싸움꾼이란 공통점이 있다. 이 책에서는 혁명의 불꽃을 처음 당긴 파라켈수스부터 20세기 후반 활약한 의료 행정가 에버렛 쿱까지, 열두 명의 반항하는 의사들이 어떻게 의학을 '사람을 살리는 일'로 만들었는지 함께 살펴보고자 한다.

차 례

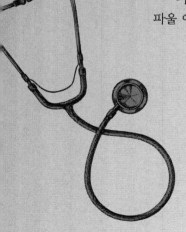

대가들의 책을 불태운 이단자

파라켈수스

Paracelsus, 1493~1541

2월의 밤공기는 차가웠다. 나폴리나 시칠리아 같은 남쪽이라면 모를까 알프스 언저리에 자리한 바젤은 낮에도 잔뜩 웅크리고 걸어야 했다. 그러니 어둠이 깔린 거리에서는 인기척을 찾기 어려웠다. 물론 2월의 추위만 밤거리가 한적한 원인은 아니다. 여름이 절정으로 치닫는 8월에도 밤거리는 조용하다. 계절과 관계없이 어둠이 내려앉으면 선량한 자는 집에 머무르는 것이 좋다. 선량한 자 가운데 어두운 밤거리를 걷는 부류는 야경꾼뿐이다. 화재를 감시하기 위해 도시를 순찰하는 야경꾼을 제외하면 주정뱅이, 부랑자 그리고 강도와 도둑만 밤거리를 떠돈다.

한스와 울리히도 밤거리를 떠도는 '선량하지 않은 존재'였다. 20대 후반에 접어든 두 사내는 한눈에도 위압감을 주는 건장한 체격이다. 그 또래의 건장한 스위스 남자가 그렇듯 10대 중반부터 용병으로 일했다. 한스의 뺨에 있는 흉터, 둘의 손에 있는 굳은살과 크고 작은 상처 자국이 전장에서 보낸 시간을 증언했다. 물론 이제는 용병이 아니다. 비슷하나 조금 더 악랄하고 약간 덜 위험하며 보수가 좋은 직업으로 갈아탔기 때문이다.

"오늘이 맞아?"

한스가 뺨의 흉터를 만지며 신경질적으로 물었다. 울리히는 표정 없는 얼굴로 고개를 끄덕였다. 그러면서도 어두운 거리 맞은편에 있는 집에서 눈을 떼지 않았다.

"그런데 이거 정말 괜찮을까? 정말 뒤탈 없는 거 맞아?"

한스의 투덜거림에 울리히는 무슨 말이냐는 듯 눈썹을 움찔거렸다.

"그 작자 말야. 귀족이라면서? 나도 봄바스투스 폰 호엔하임은 안다고. 슈바벤의 명문가잖아. 떵떵거리는 독일 나리님이라고. 괜히 대학 놈들 말만 믿었다가 골치 아픈 일에 휘말리는 것 아닐까?"

한스의 말에 울리히는 빙긋 웃으며 고개를 가로저었다. 그러고는 고작 그런 걱정이었냐는 표정으로 대답했다.

"그 작자가 진짜 귀족 같아? 봄바스투스 폰 호엔하임? 웃기지 말라고 해. 그냥 자기 마음대로 귀족 흉내 내는 거야. 심지어 그 작자도 인정하잖아. 자기 아버지가 봄바스투스 폰 호엔하임 가문의 서자라고. 설령 그게 맞아도 서자야. 주님의 가르침에 어긋나는 혈통이지."

울리히의 말에 한스는 다행이란 표정으로 고개를 끄덕였다. 그러나 금방 다시 불안한 표정으로 입을 열었다.

"그런데 그 작자 말야. 연금술사잖아. 점성술에도 뛰어나다고 하던데. 그럼 악마와도 가까운 자가 아닐까? 흑마술이라도 사용한다면 우리가 괜찮을까?"

한스의 말에 울리히는 웃음을 터트렸다. 오랫동안 전장을 누비고도 이렇게 순진하다니. 울리히는 연금술이니 흑마술이니 두려워할 필요가 없다고 얘기하려다가 생각을 바꾸었다. 그런 말은 한스를 한층 불안하게 만들 가능성이 크기 때문이다.

"괜찮아, 한스. 성 미카엘(군인의 수호성인)께 기도해. 전장에서도 우리를 지켜 주셨으니 연금술과 흑마술에서도 지켜 주실 거야."

그제야 한스는 안도하며 길게 숨을 내쉬었다. 그때 감시하던 집의 문이 조용히 열렸다. 이어서 작은 횃불을 든 사내가 밖으로 나왔다. 사내가 신중히 주변을 살폈으나 한스와 울리히는 몸을 숨기지 않았다. 오히려 단검을 꼬나들고 길을 가로질러 사내에게 다가갔다. 가까이 가자 희미한 횃불 아래 사내의 얼굴이 드러났다. 서른을 조금 넘긴 듯한 사내는 윗머리가 벗어지기 시작했고 약간 살쪘으나 비대한 몸은 아니었다. 무엇보다 사내는 한스와 울리히를 겁내지 않았다. 오히려 여유만만한 표정이었다.

"당신네가 감시자 겸 암살자인가?"

사내의 말에 한스와 울리히는 고개를 끄덕였다.

"그런데 고작 둘인가? 보아하니 은퇴한 용병 같은데 전장에서 밀려난 퇴물, 굼뜬 사냥개 두 마리로 나를 잡을 수 있다고 판단하다니 이거 실망이군."

사내의 말에 울리히의 얼굴이 붉어졌다. 연금술사 주제에 정신이 나간 건가.

"이봐, 뭘 그렇게 흥분하나. 화내지 말고 듣게. 기분 나쁘게 할 의도는 없으니까."

사내는 싱긋 웃으며 말을 이었다.

"이 파라켈수스님으로 말하자면 슈바벤의 유서 깊은 봄바스투스 폰 호엔하임의 일원이며 의학, 연금술, 신학의 대가일세. 그러나 전투의 달인이기도 하지. 위대한 군대를 따라 콘스탄티노플부터 타타르의 땅까지 가 봤지. 주로 자네들 같은 용병의 상처를 치료했으나 필요하면 직접 상처를 만들고 생명을 빼앗는 일도 마다하지 않았네. 이 파라켈수스님이 사랑하는 무기는 쇠망치라네. 베네치아 병사의 취향이지. 칼은 날카로우나 정확해야 해. 그러나 쇠망치는 대충 내리쳐도 충분하지."

한스의 얼굴이 어두워졌다. 그냥 연금술사가 아니었다. 왜 바젤 대학의 교수들은 사내가 종군 의사였다는 사실을 알려 주지 않았을까?

"몰랐나 보군. 이해하네. 바젤 대학 의학부의 멍청이들이 그럴 거라 생각했어. 내가 늘 직접 환자를 관찰해야 질병을 알 수 있다고 강조했는데 이번에도 무시했군. 이 파라켈수스님을 조금만 관찰했어도 알 수 있었을 텐데."

그런데 그때 한스가 눈을 반짝이며 말했다.

"그런데 당신, 지금 쇠망치가 없잖아!"

그렇다. 사내에게는 쇠망치는 고사하고 단검도 없었다. 그러나 사내는 움츠러들지 않았다. 오히려 껄껄 웃으며 말했다.

"누가 오늘 직접 싸운다고 했나? 나한테 쇠망치가 있어도 자네 둘과 싸워 다치지 않는다고 확신할 수 없지. 위험을 줄이는 것이 의학의 기본이라네."

한스와 울리히는 사내가 미쳤다고 생각했다. 이제 미친 소리를 충분히 들었으니 끝낼 때라고 판단했다. 그 순간 어둠 가운데 그

림자가 나타났다. 하나, 둘, 셋, 넷, 다섯. 어둠 가운데서 다섯의 건장한 사내가 모습을 드러냈다. 한스와 울리히만큼 건장한 그들은 모두 무시무시한 도구를 들고 있었다. 이발소에서 쉽게 찾을 수 있는 도구였다. 환자의 팔과 다리를 절단할 때 사용하는 날카로운 톱과 끌, 망치였다. 그러고 보니 그들은 모두 외과 의사였다. 바젤의 이발소에서 일하는 외과 의사가 틀림없었다.

"목숨은 소중하지 않나. 그러니 조용히 물러가게. 방해하지 않으면 굳이 죽이지 않겠네. 그냥 가서 바젤 대학 의학부의 멍청이들에게 이 파라켈수스님이 감쪽같이 사라졌다고 하게. 연금술을 사용해서 달빛을 타고 달아났다고 하게나."

한스와 울리히는 사내의 조롱을 들으면서 물러날 수밖에 없었다.

인간과 다른 동물을 구분할 수 있는 가장 결정적 차이는 무엇일까? 도구의 사용? 해달과 까마귀도 초보적인 수준의 도구를 사용하고 침팬지는 능숙하게 나뭇가지를 다듬어 흰개미를 낚는다. 집단생활? 침팬지 무리를 몇 주만 관찰해도 마키아벨리가 감탄할 만큼 정교한 권력 투쟁을 찾아낼 수 있다. 언어의 사용? 벌은 복잡한 춤을 통해 꿀의 위치를 동료에게 알리고, 침팬지에게 수화를 가르치면 제법 훌륭한 대화가 가능하다.

인간과 다른 동물을 구분 짓는 가장 결정적 차이는 '추상적 사고력'이다. 예를 들어 번쩍거리는 불빛과 함께 '우르릉 쾅' 하는 천둥소리가 들리면 인간과 동물 모두 본능적으로 도망치거나 숨는다. 침팬지를 비롯한 몇몇 동물은 예전의 경험을 통해 '비가 내릴 것이다' 혹은 '불이 날 것이다' 같은 단계까지는 연상할 수도 있다. 그러나 오직 인간만 천둥이 들리고 번개가 번쩍이는 이유를 생각한다. 오직 인간만이 태양이 떠오르고 바람이 불어오고 봄, 여름, 가을, 겨울의 변화가 생겨나는 이유를 찾으려 노력한다. 이런 추상적 사고력은 단기적으로는 쓸데없고 오히려 거추장스러운 특징처럼 보이나 장기적으로는 인간이 문명을 건설하고 '지구의 지배자(물론 오만한 자아도취에 불과하다.)'를 자처하는 동력을 제공했다.

그러나 모든 문제에 대한 진짜 해답을 찾기 위해 노력하는 것이 아니라 단순히 현재 상황에서 그럴듯한 해답을 무리하게 끼워 맞추려고 하면 때로는 아주 큰 문제가 발생한다.

고대 그리스-로마 시대 의학자가 마주한 상황이 딱 그랬다. 철학, 신학, 수학, 물리학, 의학, 지리학, 정치학의 경계가 모호하던 시절 숱한 위대한 현인이 문명의 기반을 닦았다. 히포크라테스(Hippocrates, 기원전 460?~기원전 377?)와 갈레노스(Claudios Galenos, 129?~200?) 같은 의학자는 해부학, 외상의 치료, 의사의 윤리 같은 다양한 분야에서 큰 업적을 남겼다. 그런데 히포크라테스와 갈레노스 모두 자신들이 지닌 지식과 기술로 설명할 수 없는 여백을 허락하지 않았다. 그들은 철학의 방법론을 사용해서라도 모든 질병에 대한 설명을 마련하고 치료법을 제시하고자 했다. 히포크라테스와 갈레노스는 플라톤, 아리스토텔레스, 피타고라스처럼 시대를 막론하고 천재 혹은 거인으로 추앙받아 마땅한 인물이나 2000년 전 과학 기술이 지닌 한계를 극복할 수는 없었다. 그래서 히포크라테스와 갈레노스가 만든 이론은 모든 질환의 원인을 설명하고 치료법을 제시할 수는 있으나 실제로는 환자에게 전혀 도움이 되지 않고 오히려 피해를 줄 때가 많았다.

그들이 주장한 '만능 의학'은 체액설이다. 우주의 모든 물질이 불, 물, 흙, 공기로 이루어졌다고 생각한 원소설에 근거하여 혈액(blood), 점액(phlegm), 황담즙(yellow bile), 흑담즙(black bile)이 인간의 몸을 구성한다고 주장했다. 그 주장에 따르면 외상을 제외한 모든 질병은 네 가지 체액의 균형이 무너져서 발생한다. 따라서 이론적으로는 체액의 균형을 회복하는 방법으로 모든 질병을 치료할 수 있다. 요즘 기준으로 판단하면 황당하기 짝이 없는 유사 과학이 틀림없으나 2000년 전에는 달랐다. 특히 갈레노스는 해부학에도 뛰어나서 그 시절에 뇌신경, 심장 판막, 동맥과 정맥을 발견하고 구분했다. 그러니 히포크라테스와 갈레노스가 주장한 체액설은 곧 의학의 표준이 되었다.

서로마 제국의 멸망과 함께 고대가 막을 내리고 수백 년의 암흑기를 거쳐 중세에 접어들자 갈레노스의 위상은 더욱 커졌다. 로마 교황의 강력한 통치 아래 '하나의 유럽'을 구현한 시기여서 교회의 가르침에 어긋나는 연구를 진행할 수 없었고, 질병 역시 '맞서 싸워 고쳐야 할 문제'가 아니라 '신의 징벌'로 여겨졌기 때문에 갈레노스의 체액설에서 더 이상 나아갈 수 없었다. 서유럽뿐만 아니라 동로마 제국과 이슬람 세계도 크게 다르지 않았다. 중세 이슬람 세계에서 최고의 의학자로 꼽히는 이븐 시나(Ibn Sīnā, 980~1037)도 갈레노스의 체액설과 유사한 이론을 주장했다.

중세가 끝나고 르네상스가 도래해도 상황은 달라지지 않았다. 그래서 고대부터 중세를 지나 르네상스에 이를 때까지 대부분의 의사는 세심하게 환자를 진찰하고 증상을 기록하며 상태 변화를 관찰하기보다는 환자에게 어떤 체액이 부족하고 어느 체액이 지나치게 많은지 설명하는 것에 골몰했다. 질병의 원인이 외부에 있지 않고 체액의 불균형, 즉 내부적 문제인 만큼 굳이 증상을 기록하고 상태 변화를 관찰하며 같은 질병에 걸린 환자의 공통점을 찾는 골치 아픈 일을 할 필요가 없었다. 혈액이 지나치게 많은 병이면 사혈 요법(날카로운 도구로 혈관을 찢어 혈액을 제거하는 치료)을 시행하고 혈액이 지나치게 부족하면 고기를 먹도록 지시했다. 점액질이 지나치게 많으면 불의 성질을 띤 음식과 약초를 처방하고 반대로 점액질이 부족하면 습하고 물의 성질을 띤 음식과 약초를 처방했다.

물론 치료 결과는 형편없었다. 사혈 요법을 받은 환자는 아무것도 하지 않은 환자보다 대개 더 빨리, 더 고통스럽게 사망했다. 체액의 균형을 맞추기 위해 처방한 약과 음식으로 회복한 환자는 대부분 그냥 안정을 취하면 저절로 회복하는 질환이었을 뿐이었다.

적지 않은 수의 환자가 체액의 균형을 맞추기 위해 처방한 기괴한 약(심지어 보석을 갈아 처방하기도 했다.)을 먹고 고통스럽게 죽었다. 심지어 귀족과 평민이 같은 병에 걸리면 귀족이 더 빨리 죽을 가능성도 있었다. 왜냐하면 평민은 의사를 부를 수 없으나 귀족은 의사를 불러 체액설에 기반한 치료를 받았기 때문이다.

필리푸스 아우레올루스 테오프라스투스 봄바스투스 폰 호엔하임(Philippus Aureolus Theophrastus Bombastus von Hohenheim)이란 긴 본명보다 파라켈수스(Paracelsus)란 별명이 훨씬 유명한 사내가 태어난 1493년 역시 히포크라테스, 갈레노스, 이븐 시나의 의학이 지배하는 시대였다. 르네상스 시대에 대학 교육을 받은 계층이 라틴어로 그리스-로마식 별명을 짓는 것은 흔한 일이었으나 그 뜻이 독특하다. 파라켈수스는 라틴어로 '켈수스를 능가하는 자'라는 뜻으로, 켈수스(Aulus Cornelius Celsus, 기원전 42?~서기 37?)는 1세기 무렵 이름을 날린 위대한 의학자이다. 스스로 '켈수스를 능가하는 자'라 칭하는 것만 봐도 자신만만하고 오만한 성격을 어렵지 않게 유추할 수 있으나 정작 파라켈수스의 신분은 그리 높지 않았다. 중세와 르네상스 시대에 용병, 법학자, 의사는 유망한 귀족이 선택하는 직업이 아니었다. 첫째 아들이 아니어서 작위나 토지를 물려받을 수 없는 경우, 귀족의 사생아인 경우, 귀족의 첫째 아들이긴 하나 가문이 완전히 몰락한 경우에만 그런 직업을 선택했다. 파라켈수스는 자신이 봄바스투스 폰 호엔하임이란 가문의 후손이라 주장했으나 해당 가문은 독일 슈바벤 지역의 명문가여서 진위가 애매하다. 또 파라켈수스가 정말 봄바스투스 폰 호엔하임의 혈통이더라도 그의 아버지가 사생아여서 그리 높은 신분은 아니었다.

봄바스투스 폰 호엔하임 가문의 사생아로 알려진 아버지도 의사였다. 그래서 파라켈수스 역시 처음에는 아버지에게 교육을 받았다. 그렇게 어린 시절을 보내고 의학을 공부하기 위해 대학에 입학했으나, 바젤, 튀빙겐, 빈, 비텐베르크, 라이프치히, 하이델베르크, 쾰른 같은 다양한 대학을 전전한 후 1516년 페라라 대학에서 의학 박사 학위를 받았다. 의학 박사 학위를 받을 때까지 남들과 달리 많은 대학을 떠돈 이유는 교수의 가르침에 공공연히 의문을 표시했기 때문이다. 학생 시절부터 파라켈수스는 대학에서 가르치는 갈레노스와 이븐 시나의 의학이 현실과 동떨어진 탁상공론이라 생각했고, 틈만 나면 교수의 권위에 도전했다. 교수와 동료 학생 모두 그를 아니꼽게 생각했고, 오만한 성격의 파라켈수스는 자신을 싫어하는 교수와 동료 학생을 경멸했다. 그러니 학위를 받기 위해 자의 반 타의 반으로 방랑할 수밖에 없었다.

의학 박사 학위를 받고 본격적으로 의사 일을 시작한 후에도 상황은 달라지지 않았다. 대가로 추앙받는 교수들은 갈레노스와 이븐 시나의 책만 외우는 머저리에 불과하고 대학의 가르침이 고리타분하고 현실과 동떨어졌다고 판단한 파라켈수스는 경험에서만 진정한 지식을 얻을 수 있다고 생각했다. 그래서 파라켈수스는 대학에서 학생을 가르치거나 귀족의 주치의를 하는 대신 종군 외과 의사의 길을 선택했다. 1516년 의학 박사 학위를 받은 후부터 1524년까지 파라켈수스는 종군 외과 의사로 네덜란드, 잉글랜드, 아일랜드, 스코틀랜드, 러시아, 헝가리, 타타르, 콘스탄티노플까지 떠돌았다. 그는 당대의 다른 의사와 달리 환자 곁에서 세밀하게 증상을 관찰하고 질병의 진행 과정을 기록하면 적절한 치료법을 찾아낼 수 있다고 주장했다. 종군 외과 의사로 지낸 9년 남짓한 시간은 다양한 지역에서, 다양한 환자를 경험할 수 있어 파라켈수스에게 큰 도움이 되었을 것이 틀림없다.

기록이 충분히 남아 있지 않아 아주 정확히 알 수는 없으나 오만하고 괴짜 같은 성격에도 의사로서 파라켈수스의 실력은 돋보였다. 그래서 종군 외과 의사의 생활을 끝내고 돌아온 1526년부터는 한때 자신이 공부했던 바젤 대학에서 강의를 시작했다. 당시 바젤 대학에는 '유럽 최고의 지식인'으로 명성을 날린 에라스뮈스가 머물고 있어서, 그곳에서 강의한다는 것만으로도 적지 않은 성공이었다. 하지만 파라켈수스는 처음부터 동료 교수의 눈살을 찌푸리게 했다. 다른 교수와 달리 라틴어가 아닌 독일어로 강의를 진행했고 '수백 년 전의 케케묵은 책이 아니라 현장에서 답을 찾아야 한다' 라면서 이발소 외과 의사(barber surgeon, 중세와 르네상스 시대에 의사는 내과 의사를 의미했고 종군 외과 의사를 제외하면 이발사가 외과 수술을 담당했다.), 집시, 산파, 약초꾼 같은 사람을 불러 경험을 나누게 했다.

그러다가 1527년 6월 24일, 의학부뿐만 아니라 바젤 대학 전체 교수진이 경악할 사건이 터졌다. 바젤 대학 정문 근처에서 파

자신을 파문한다는 교황의 편지를 불태우는 마르틴 루터

1527년 6월 24일, 파라켈수스는 바젤 대학 정문 앞에서 갈레노스와 이븐 시나의 책을 불태웠다. 그 대범한 행동은 1520년 12월 10일 파문에 처할 것이라며 협박하는 교황의 편지를 불태운 종교 개혁가 마르틴 루터를 떠올리게 한다.

라켈수스가 갈레노스와 이븐 시나의 책을 불태운 것이다. 파라켈수스가 갈레노스와 이븐 시나의 학설에 반대하는 것은 공공연한 사실이었으나 강의와 저술을 통해 조용히 저항하는 것과 호기롭게 공공장소에서 책을 불태우는 것은 완전히 달랐다. 파라켈수스의 그런 행동은 1520년 12월 10일 파문에 처할 것이라며 협박하는 교황의 편지를 불태운 종교 개혁가 마르틴 루터를 떠올리게 했다. 파라켈수스의 오만하고 자기과시적인 성격을 감안하면 대가들의 책을 불태운 사건에는 스스로 '의학계의 마르틴 루터'가 되려는 의도가 다분했던 것으로 볼 수 있는데, 이는 멋지게 성공했다.

유명세를 얻은 파라켈수스는 '체액설에 따라 황당한 소리를 하는 것보다 침대 곁에서 환자를 관찰하는 것이 중요하다', '사혈 요법은 오히려 환자를 위태롭게 한다', '상처가 나면 더러운 붕대로 꽁꽁 싸매는 대신 깨끗하게 씻고 공기 중에 드러내야 한다' 등의 주장을 한층 강력하게 펼쳤다. 요즘에는 너무 당연한 주장이지만 당시에는 신성 모독이나 다름없는 얘기였다. 바젤 대학 의학부의 교수진뿐만 아니라 개업의들도 불만을 품기 시작했다. 파라켈수스가 당시 의사들이 돈을 버는 방법이 틀렸다며 신랄하게 비판했기에 불만은 곧 분노로 변했다.

그래서 1528년 살해 협박과 소송에 시달린 파라켈수스는 바젤에서 도망쳤다. 글의 첫머리에 나오는 이야기는 파라켈수스가 도망치는 상황을 역사적 사실에 기반하여 소설처럼 재구성한 것이다.

물론 파라켈수스의 삶에서 그런 도주는 자주 반복된다. 또 의사들만 파라켈수스에게 분노하지 않았다. 파라켈수스는 의사 집단보다 훨씬 강력한 이들의 분노를 사는 위험을 자초하기도 했다.

1492년 콜럼버스가 서인도 제도를 발견했다. 제노바 출신 콜럼버스의 탐험을 후원한 이는 스페인을 다스리는 이사벨라 여왕이었다. 그래서 곧 피사로와 코르테스 같은 야심만만한 스페인 군인이 신대륙으로 달려갔다. 그들은 중앙아메리카와 남아메리카의 인디오 국가를 정복하고 문명을 말살했다. 그런 말살에는 화승총과 철제 검 같은 무기만 위력을 발휘한 것이 아니었다. 이전까지 인디오는 천연두 같은 질병을 경험하지 않았다. 스페인 정복자와 함께 아메리카 대륙으로 건너 온 천연두는 끔찍한 재앙을 만들었다.

그런데 천연두와 같은 유럽의 질병만 아메리카로 건너간 것이 아니었다. 아메리카의 질병도 스페인 정복자를 통해 유럽으로 전해졌다. 매독이 거기에 해당한다. 스페인 정복자와 함께 유럽으로 건너온 매독은 유럽의 크고 작은 전쟁에 스페인 군대가 참전할 때마다 새로운 지역으로 뻗어 나갔다. 재미있게도 프랑스인은 매독을 '스페인인의 병'이라 불렀으며 이탈리아인은 '프랑스인의 병'이라 불렀고 스페인인은 '이탈리아인의 병'이라 불렀다.

어쨌거나 성관계를 통해 전염하는 매독은 유럽의 골칫거리였다. 페스트, 콜레라, 장티푸스처럼 짧은 기간에 무시무시한 재앙을 만들지는 않으나 일상생활에서 호시탐탐 기회를 엿보며 조금씩 인간을 갉아먹는 악마였다. 당시 매독을 치료하기 위한 시도가 이어졌으나 어느 것도 효율적이지 못했다. 세균을 발견하고 감염(infection)이란 개념을 확립하는 것은 수백 년 뒤의 일이었고, 항생제는 20세기에나 등장하기 때문이다.

당대의 의사에게는 다행스럽게도 매독의 진행은 독특하다. 매독균에 감염되면 2~3주 후 생식기에 딱딱한 궤양이 발생한다. 통증도 없고 몇 주 후 저절로 사라진다. 이 단계가 1기 매독이다. 그러다가 몇 개월이 지나면 손을 비롯하여 피부에 붉은 반점이 생기고 열이 나며 머리가 아프고 쉽게 피곤해진다. 이 단계가 2기 매독이다. 최종적으로 짧게는 몇 년, 길게는 십수 년이 지나 매독균이 뇌와 척수 같은 중추신경계와 주요 장기를 침범한 증상이 나타난다. 정신 착란, 호흡 근육 마비, 심혈관 손상을 동반하는 이 단계가 3기 매독이다. 덧붙여 매독 환자의 상당수는 잠복매독(latent syphilis)으로 진행하여 오랫동안 별다른 증상을 보이지 않는다. 이런 독특한 특징 때문에 매독을 제대로 치료하지 못하고도 치료에 성공했다고 주장할 수 있었다. 그래서 효과 없는 치료법으로 많은 돈을 벌기도 했다. 심지어 거대한 기업이 그런 일에 나서기도 했는데 푸거 가문이 거기에 해당했다.

푸거 가문은 독일 아우크스부르크를 거점으로 활동했던 상인 가문으로 이탈리아 피렌체의 메디치 가문과 함께 르네상스 시대의 대표적인 거상이다. 단순히 부유한 상인이 아니라 은행업을 통해 황제와 왕, 대공과 백작에게 자금을 빌려 주며 강력한 영향력을 행사해서 오늘날의 다국적 기업과 유사했다. 그들은 타고난 상인이라 은행업 같은 사업뿐만 아니라 남아메리카에서 유창목을 수입하여 '매독의 특효약'이라 선전해 파는 일까지 했다. 당연히 별다른 효과는 없었으나 앞서 언급한 매독의 독특한 특성 때문에 푸거 가문의 선전은 효과를 거두어 짭짤한 수익을 안겨 주었다.

그런 상황에서 1530년 파라켈수스가 매독에 대한 연구 결과를 발표했다. 파라켈수스는 환자를 면밀히 관찰한 결과 매독은 밀접한 접촉, 특히 성적 접촉을 통해 전염하며 유창목을 사용한 치료는 효과가 전혀 없고 수은을 적절히 사용하면 치료할 수 있다고 주장했다. 파라켈수스의 주장 때문에 유창목 사업이 타격을 받자 푸거 가문은 분노했고 파라켈수스의 방랑은 길어졌다.

4

바젤에서 소송에 휘말리고 살해 위협을 받으면서 시작한 방랑은 푸거 가문의 유창목 사업을 비난하면서 8년까지 길어졌다. 물론 파라켈수스가 무력하고 가난한 나그네로 8년을 보낸 것은 아니었다. 방랑하면서도 파라켈수스는 임상 의사로서 진료를 계속했고 학자로서 연구를 진행했다. 파라켈수스의 연구 결과는 갈레노스와 이븐 시나를 따르는 기존 의학계와 격렬하게 충돌해서 의사 사회에서 그의 악명은 점점 커졌다. 반면에 임상 의사로 파라켈수스는 '기적의 치료자'라 불리며 의학계에서의 악명과 달리 대중적으로 큰 인기를 얻어 귀족, 고위 성직자, 부자가 앞다투어 그를 찾았다.

파라켈수스가 기적의 치료자라 불린 이유는 다른 의사와 달리 환자를 자세히 관찰하고 증상의 변화에 따라 적절한 약을 투여했고 사혈 요법 같은 무의미한 치료를 시행하지 않았기 때문이다. 물론 파라켈수스가 사용한 약의 주요 성분은 아편이었다. 함께 투여하는 약초가 조금씩 달라졌으나 아편이 빠지는 경우는 드물었다. 엄밀히 말해 파라켈수스의 약은 원인을 치료하는 것이 아니라 고통을 경감시키는 것에 가까웠다. 그러니 '그게 무슨 대단한 일이냐?'라고 생각할 수도 있으나 20세기 초까지도 의사가 실제로 처방할 수 있는 효과 있는 약은 아편, 아스피린, 말라리아 치료제인 퀴닌(quinine), 강심제로 사용한 장뇌(camphor) 정도였다. 따라서 사혈 요법처럼 체액설에 기반한 '오히려 해로운 치료'를 자제하고 아편 성분의 약으로 고통을 덜어 주며 몸이 회복하기를 기다리는 파라켈수스의 치료는 19세기 후반의 의사와 비교해도 크게 뒤처지지 않은 것이었다. 따라서 그는 '기적의 치료자'로 불리기에 충분했다. 다만 파라켈수스도 시대의 한계에서 자유롭지 않아 수은을 매독의 치료제라 주장했고 연금술에도 관심이 많아 납으로 금을 만들겠다는 허무맹랑한 실험에 집착했다.

그럼에도 파라켈수스가 오늘날 '현대 의학의 선구자'로 추앙받고 '약리학의 아버지'라 불리며, 약리학 교과서 첫 장에 "모든 약은 독이다. 다만 용량의 차이가 있을 뿐이다."라는 파라켈수스의 명언이 적혀 있는 이유는 그가 '근거 중심 의학'을 시도했기 때문이다. 쉽게 말해 파라켈수스는 갈레노스와 이븐 시나 같은 대가의 저술을 그대로 받아들이지 않고 직접 환자를 관찰해서 타당하다고 밝혀진 것만 따랐다. 나머지 의사 모두가 자신을 싫어해도 개의치 않았다.

　　예를 들어, 규폐증(silicosis)은 작은 먼지가 폐에 침착하여 생기는 만성 폐 질환으로 '광부의 병'이란 별명이 있으나 광부가 아니라도 먼지가 많이 날리는 공간에서 장기간 일하면 누구에게나 발병할 수 있다. 그런데 16세기에는 규폐증을 '자연이 내린 저주', '신이 만든 자연을 파괴하고 광석을 채취한 행위에 대한 징벌'로 인식했다. 그런 상황에서 파라켈수스는 규폐증 환자에 대한 면밀한 관찰을 통해 규폐증이 '자연의 저주나 신의 징벌이 아니라 광산의 먼지 많은 환경이 만든 질환'이라고 주장했다. 매독이 성적 접촉을 통해 전염하고 유창목이 치료에 효과가 없다는 것도 환자에 대한 면밀한 관찰을 통해 알아냈고, 이발소 외과 의사, 산파, 집시, 약초꾼 같은 사람을 대학에 불러 이야기를 들은 이유도 갈레노스와 이븐 시나의 체액설보다 그런 사람들의 관찰이 더 중요하다고 믿었기 때문이다.

　　이렇게 '직접 관찰해서 얻은 경험과 증거를 바탕으로 치료한다'

라는 파라켈수스의 주장은 현대 의학의 핵심 철학이다. 물론 오늘날에도 미디어를 통해 유명세를 얻은 몇몇 '대가'가 근거 중심 의학에 어긋나는 유사 의학을 펼치기도 하고, 근거 중심 의학을 기반으로 질병을 해결하는 것은 생각만큼 멋지지도 않고 대중의 비난에 직면할 때도 있다. 파라켈수스 역시 끊임없이 의학계와 대립하다 1541년 잘츠부르크의 여관에서 갑작스레 사망한다.(의학계와 대립하고 푸거 가문과도 사이가 나빴던 터라 파라켈수스의 죽음을 두고 여러 의혹이 제기되었으나 밝혀진 것은 없다.)

이 책의 첫 번째 인물로 파라켈수스를 선택한 이유는 앞으로 살펴볼 인물 대부분이 파라켈수스처럼 당시 의학계와 대립하며 의학 발전에 이바지했기 때문이다. 물론 그들의 삶은 모두 달라서 파라켈수스처럼 '논란으로 가득한 유명 인사'로 살았던 사람도 있고 출세에 성공한 기회주의자도 있으며 정의롭고 양심적으로 행동했으나 비참한 최후를 맞이한 사람도 있다. 그럼 이제 한 명씩 차례로 그들을 만나 보자.

파라켈수스 *Paracelsus, 1493~1541*

 스위스의 의학자이자 약학자이자 연금술사, 본명은 필리푸스 아우레올루스 테오프라스투스 봄바스투스 폰 호엔하임(Philippus Aureolus Theophrastus Bombastus von Hohenheim)이다. 파라켈수스라는 이름은 라틴어로 '켈수스를 능가하는 자'라는 뜻으로, 여기서 켈수스는 1세기경의 아울루스 코르넬리우스 켈수스(Aulus Cornelius Celsus)를 일컫는다.

파라켈수스의 가장 중요한 업적은 의학과 약학의 스콜라적 방법론을 비판한 것이다. 바젤 대학의 교수로 재직 중 당대 주류 의학이던 갈레노스와 이븐 시나의 의학을 비판하여 교단에서 밀려난다. "모든 약은 독이다. 다만 용량이 문제일 뿐."이라는 말을 남겨 '현대 약학의 아버지'로 존경받고 있다.

고루한 왕당파, 혁신적인 의학자

윌리엄 하비

William Harvey, 1578~1657

1

　의자에 앉은 노인은 얼굴을 잔뜩 찡그렸다. 어떻게든 통증을 줄여 보려고 이리저리 자세를 바꾸었으나 별다른 효과는 없었다. 급기야 노인은 천천히 허리를 굽혀 발목을 문질렀다. 앙상한 발목에는 못생긴 혹이 여기저기 튀어나와 늙은 나무의 죽어 가는 가지를 연상케 했다. 그러고 보니 노인 자체가 죽어 가는 늙은 나무와 비슷했다. 하얗게 변한 머리카락은 약간 곱슬거렸고 이마는 약간 도드라졌으며 콧날은 날카로웠으나 아래턱은 지나치게 뾰족해서 빈약했다. 비싼 옷이 상류층임을 드러냈으나 그 아래 몸통과 팔다리는 앙상했다.

　"통풍이 꼭 청교도 놈들 같군."

　발목을 문지르는 것을 멈추고 노인은 체념한 듯 중얼거렸다. 빌어먹을 청교도 놈들, 빌어먹을 통풍, 지옥에나 떨어질 올리버 크롬웰 녀석. 화가 치밀어 오른 노인은 자신도 모르게 주먹을 힘껏 쥐었다. 그는 지난 며칠 동안 잠도 제대로 자지 못했다. 통풍의 통증 때문만은 아니었다. 주변 세상 모두가 노인을 괴롭혔다. 물론 처음부터 이렇지는 않았다. 꽤 오랫동안 세상은 노인에게 호의적이었다. 노인의 아버지는 귀족은 아니었으나 자기 토지가 있는 부유한 농부였다. 노인은 캔터베리와 케임브리지에서 의학을 공부했을 뿐만 아니라 파도바 대학에서 박사 학위를 받았다. 파도바에서 노인은 위대한 히에로니무스 파브리키우스(Hieronymus Fabricius,

1537~1619, 르네상스 시대의 유명한 해부학자)에게 직접 배웠다. 이후 런던으로 돌아왔을 때, 노인은 젊고 열정이 넘쳤다. 사랑하는 여인을 만나 결혼했고 마흔 무렵에는 국왕의 주치의가 되었다. 그때는 정말 세상 전부가 노인에게 우호적이었다. 몇 년 후 새로운 왕이 즉위했으나 그는 여전히 국왕의 주치의였다. 아니, 새로운 국왕이 노인에게는 더 친근했다. 거기까지 생각이 미치자 노인은 부르르 몸을 떨었다. 그리고 왈칵 눈물을 흘렸다.

"국왕 폐하! 국왕 폐하!"

노인은 흐느끼기 시작했다. 노인의 국왕 폐하, 그러니까 찰스 1세는 신실한 기독교인이며 훌륭한 인격자였다. 조용하고 말수가 적었으나 품위 있고 강직했으며 용감했다. 심지어 올리버 크롬웰과 청교도 놈들이 '폭군, 반역자, 살인자, 공공의 적'이라 날조한 죄목으로 사형을 언도했을 때도 스스로 '백성을 위한 순교자'라 선언하며 용감하게 처형대로 걸어갔다.

그러고 보면 국왕 폐하가 용감하게 최후를 맞이한 지도 벌써 2년이나 지났다. 빌어먹을 청교도 놈들의 세상은 대체 언제나 끝날까? 신의 징벌이 언제 녀석들에게 떨어질까? 노인은 자신이 그 심판을 볼 때까지 살 수 있을지 확신하지 못했다. 그는 이미 일흔을 훌쩍 넘겼고 통풍과 불면증에 시달리고 있다. 무엇보다 노인은 올리버 크롬웰이 다스리는 나라에서 살고 싶지 않았다.

그래서 노인은 힘겹게 의자에서 일어나 책상으로 향했다. 그리고 작은 유리병을 꺼냈다. 유리병에는 적갈색 액체가 반쯤 담겨 있었다. 아편을 알코올에 녹인 로더넘(laudanum)으로, 의사인 노인에게는 익숙한 약이다. 평소에도 통풍의 통증을 달래기 위해 몇 방울씩 복용했으나 이번에는 병에 남은 액체를 모두 마시기로 결심했다. 그렇게 잠이 들고 다시는 깨지 않으리라. 자살은 죄이나 신께서도 이해하실 것이다. 왕의 목을 친 이단자가 다스리는 세상에서는 노인 같은 신실한 애국자가 살아갈 수 없다는 것을! 노인은 천천히 침대로 향했다. 침대에 누워 병에 남은 로더넘을 단번에 들이켜고 잠들면 다시는 깨지 않으리라 기대하면서.

❧ 2 ❧

영국, 정확히 말해 브리튼 제도(그레이트브리튼섬과 아일랜드섬, 그 주위의 작은 섬을 통틀어 가리킨다.)는 늘 바다 건너 정복자의 호기심을 자극했다. 프랑스 북부와 잉글랜드 남부 사이에 놓인 도버 해협의 폭이 짧은 곳은 30킬로미터 남짓이라 날씨가 좋으면 프랑스 해안에서 바다 건너 영국 해안이 보이기 때문이다.

그런 욕망에 가장 먼저 응답한 정복자는 로마 제국의 위대한 카이사르였다. 폼페이우스, 크라수스와 삼두정치(제1차 삼두정치, 귀족파의 폼페이우스와 평민파의 카이사르는 로마 최고의 부호인 크라수스와 함께 권력을 독점했다.)를 펼치며 갈리아, 즉 지금의 프랑스 영토를 정복하던 카이사르는 갈리아 북부 해안에서 바다 건너 잉글랜드 남부를 보고는 '세상의 끝'을 정복하기로 결심했다. 안타깝게도 카이사르의 정복은 성공하지 못했고, 100년 후 클라우디우스가 재차 침략하여 정복에 성공한다.(물론 평야인 잉글랜드만 정복했을 뿐, 산악 지대인 웨일스와 스코틀랜드는 점령하지 못했다.)

　로마 제국이 멸망한 후 다시 브리튼 제도에 호기심을 느낀 정복자는 노르만인이었다. 노르만인은 바이킹의 후손으로, 9세기 무렵 바이킹의 침략을 막아 낼 수 없음을 깨달은 서프랑크의 단순왕 샤를 3세가 바이킹 우두머리인 롤로와 협정을 맺고 그를 프랑스 북부 지역인 노르망디의 대공으로 임명했다. 그렇게 정착한 바이킹의 후손인 노르만인은 프랑크어를 수용하고 바이킹 전사의 전통 대신 프랑크 왕국의 전통을 따라 기병이 되었으나 바이킹의 모험심은 여전했다. 그래서 노르망디를 기반으로 다양한 모험과 정복을 펼쳤는데 이탈리아반도 남쪽 끄트머리에 있는 시칠리아에서 이슬람 세력을 몰아내고 시칠리아 왕국을 세우기도 했다. 그러니 노르망디에서 날씨 좋은 날에는 육안으로 보이는 잉글랜드는 노르만인의 정복을 피할 수 없었다. 결국 1066년 노르망디 대공인 윌리엄이 헤이스팅스 전투에서 잉글랜드 왕 해럴드 2세를 물리치고 잉글랜드 왕 윌리엄 1세가 된다.(이번에도 스코틀랜드와 웨일스 정복에는 실패한다. 훗날 에드워드 1세가 웨일스를 정복했고 스코틀랜드 통합에는 더 오랜 시간이 걸린다.)

　그런데 이런 노르만인의 잉글랜드 정복은 중세 역사에서 복잡한 문제를 만든다. 잉글랜드 왕인 윌리엄 1세는 원래는 노르망디 대공이라 프랑스 왕의 신하다. 그러나 잉글랜드와 노르망디를 모두 통치하므로 서열은 낮으나 실제 권력은 프랑스 왕보다 컸다. 이후 왕가의 복잡한 결혼을 통해 잉글랜드 왕의 프랑스 내 봉토가 더욱 커지면서 서열은 높으나 권력이 약한 프랑스 왕과 서열은 낮으나 권력이 강한 잉글랜드 왕 겸 노르망디 대공 사이에서 빈번한 충돌이 발생한다. 실제로 십자군 지도자로 유명한 잉글랜드의 사자심왕 리처드 1세도 팔레스타인이 아닌 프랑스 리모주 자작과의 전투에서 사망했고, 급기야 중세 말에는 잉글랜드 왕이 자신이야말로 적법한 프랑스 왕임을 선포하면서 100년 전쟁이 벌어졌다. 그러나 100년 동안 전쟁과 휴전을 반복한 결과 잉글랜드 왕은 중반까지 우세했음에도 최종적으로는 프랑스에 있는 영토 대부분을 상실한다.

그렇게 유럽의 중심에서 밀려난 잉글랜드 왕이 다시 주목받은 것은 르네상스 시대에 접어든 엘리자베스 1세 시절이다. 괴팍하고 호전적이며 다혈질이나 유능했던 아버지 헨리 8세가 마련한 기반 위에 강력한 왕권을 구축한 엘리자베스 1세는 처음에는 국가가 공인한 해적질('사략'이라 부르는 국가의 공인을 얻어 적국의 상선을 약탈하는 행위)로, 다음에는 그런 해적질의 명수인 프랜시스 드레이크를 해군 총사령관에 임명하여 당대 최강국인 스페인 제국에 맞선다. 당시 스페인 제국은 무적함대라 불리던 강력한 해군력을 바탕으로 유럽뿐만 아니라 남아메리카에 넓은 식민지를 건설했다. 따라서 엘리자베스 1세의 행동은 무모하게 보였으나 예상과 달리 스페인 제국이 자랑하는 무적함대는 프랜시스 드레이크가 이끈 잉글랜드 함대에 몰살당한다. 그 사건을 기점으로 스페인 제국은 서서히 쇠락하고 잉글랜드가 새로운 강국으로 발돋움한다.

그러나 '짐은 국가와 결혼했다'며 독신을 고집하던 엘리자베스 1세가 사망하면서 골치 아픈 문제가 발생한다. 어쩔 수 없이 귀족들은 혈통상 가장 가까운 스튜어트 왕가의 제임스 1세를 잉글랜드 왕으로 추대한다. 스코틀랜드를 다스리던 스튜어트 왕가의 제임스 1세가 잉글랜드 왕이 되면서 자연스럽게 아일랜드를 제외한 브리튼 제도의 통합이 이루어졌지만 스코틀랜드 출신인 왕과 기존의 잉글랜드 귀족은 계속 충돌했다.

제임스 1세가 사망하고 아들인 찰스 1세가 즉위하자 왕과 귀족의 반목은 한층 심해졌다. 일단 찰스 1세는 스코틀랜드 억양에 약간 말을 더듬었고 내성적인 성격이었다. 그러나 깔끔한 예절과 독실한 신앙심을 갖추어 개인으로는 훌륭했다. 반면 왕으로는 '신께서 왕에게 다스릴 권한을 주셨다'는 왕권신수설에 집착했으며 협상에 무능하고 타협을 싫어하는 둔탁한 통치자였다. 또 전장에서 대단히 용감했으나 군인으로서의 재능은 형편없었다. 게다가 고집도 센 편이라 대외적으로는 스페인 제국, 프랑스 왕국과 승산 없는 전쟁을 벌였고, 내부적으로는 귀족과 상층 시민이 모인 의회와 사사건건 부딪혔다. 의회의 반발에 화가 난 찰스 1세는 아예 한동안 의회를 소집하지 않았으나 국가의 재정이 바닥나자 어쩔 수 없이 소집했다. 돈이 필요해서 의회를 소집했으나 찰스 1세의 권위적이고 억압적인 태도에는 변함이 없었고 급기야 찰스 1세를 따르는 왕당파와 그를 반대하는 의회파로 국가가 갈라져서 내전에 돌입했다.

단순히 비교하면 왕당파가 오히려 유리했으나 고집과 능력이 반비례하는 찰스 1세가 실수를 거듭한 반면 의회파에는 냉혹하면서도 유능한 올리버 크롬웰이 등장했다. 그래서 수년간 이어진 내전 끝에 의회파가 승리하고 패배한 찰스 1세는 1649년 '폭군, 반역자, 살인자, 공공의 적'이란 죄목으로 처형당한다.

앞서 등장한 노인은 찰스 1세의 주치의였던 윌리엄 하비다. 찰스 1세가 처형당하고 2년이 지난 1651년 통풍과 불면증에 시달리던 늙은 윌리엄 하비는 로더넘을 과량 복용하여 자살을 시도한다. 물론 자살은 실패했고 윌리엄 하비는 1657년 여든에 가까운 나이로 사망한다.

그런데 왜 윌리엄 하비를 살펴봐야 할까? 단순히 처형당한 왕의 주치의였기 때문은 아니다. 열렬한 왕당파로 왕권신수설을 신봉했던 윌리엄 하비의 정치적 안목은 고리타분했으나 의학자로서 그가 남긴 업적은 대단히 혁신적이기 때문이다.

3

월리엄 하비는 1578년 잉글랜드 켄트에서 태어났다. 윌리엄의 아버지인 토마스 하비는 귀족은 아니었으나 자신의 토지를 소유한 부유한 계층에 속했다. 덕분에 유복한 어린 시절을 보낸 윌리엄은 고등 교육을 위해 케임브리지에 입학했다. 파라켈수스보다 80년 남짓 후에 태어난 윌리엄의 시대에도 몰락한 귀족과 부유한 평민은 의사, 법률가, 성직자 가운데 하나를 선택해야 했다.(오늘날의 관점에서는 이해하기 힘들지만 그나마 그 세 가지 직업 가운데 선택할 수 있는 것도 큰 특권이었다.) 윌리엄은 의학을 선택했고 이번에도 부유한 아버지 덕분에 케임브리지 대학을 졸업한 후 파도바 대학으로 유학을 떠날 수 있었다.

앞서 살펴본 것처럼 당시 잉글랜드는 아직 '해가 지지 않는 위대한 제국'이 아니었다. 스페인 제국의 무적함대를 물리치고 이제막 해양 국가로 걸음을 내디딘 상황이라 학문과 문화에서는 유럽의 변방에 해당했다. 그래서 당시에는, 특히 의학의 경우 수준 높은 교육을 위해 이탈리아로 유학을 떠나는 사례가 많았다.(파라켈수스 역시 이탈리아 북부의 페라라 대학에서 박사 학위를 받았다.) 윌리엄은 파도바 대학에서 위대한 해부학자로 명성을 날리던 파브리키우스의 강의를 들었고, 따라서 1602년 런던으로 돌아올 무렵에는 '최고의 의학 교육을 받은 임상 의사'에 해당했다.

런던으로 돌아온 윌리엄의 삶은 순조로웠다. 1604년에는 결혼에도 성공했는데 장인이 당시 잉글랜드 왕인 제임스 1세의 주치의였다. 부유한 가문, 훌륭한 학벌, 영향력 있는 장인 덕분에 윌리엄은 승승장구했다. 1618년에는 장인의 뒤를 이어 제임스 1세의 주치의가 되었고 1625년 찰스 1세가 즉위한 후에는 우정이라 불러도 좋을 친밀한 관계를 맺었다. 그러니 그는 왕권신수설을 옹호하는 경직되고 완고한 보수주의자가 될 수밖에 없었다. 그러나 어디까지나 '정치의 세계'에서만 그랬다. '의학의 세계'에서 그는 완전히 달랐다.

❧ 4 ❧

역사를 기록하기 전에도 인류는 피, 그러니까 혈액을 소중히 여기고 신성한 물질로 생각했을 것이다. 네안데르탈인도 상처를 입어 피를 많이 흘리면 죽음에 이른다는 사실을 알았을 것이 틀림없고, 그보다 복잡한 추상적 사고가 가능한 현생 인류 호모 사피엔스 사피엔스는 피를 생명과 같은 의미로 받아들였을 가능성이 크다. 숱한 신화, 전설, 민담에 피가 빈번히 등장하는 것도 그 때문이다.

고대 그리스-로마 시대의 과학자, 의학자, 철학자도 혈액에 관심을 기울였다. 그들은 검붉은 피(정맥혈)와 선명한 붉은 피(동맥혈)가 각각 존재한다는 것도 발견했다. 또 그런 혈액이 있는 정맥과 동맥 모두 굵은 혈관부터 아주 작은 혈관까지 나뭇가지가 뻗어 가듯 연결한다는 것도 알았다. 그러나 히포크라테스와 갈레노스를 비롯한 고대 의학자는 정맥과 동맥이 같은 순환계란 것을 깨닫지 못했다. 그들은 동맥과 정맥이 서로 다른 두 개의 순환계를 형성한다고 판단했다. 검붉은 피 정맥혈은 간에서 만들어져 인체에 영양분을 공급한다고 생각했고, 선명한 붉은 피 동맥혈은 똑같이 간에서 만들어지나 폐를 통과하면서 얻은 생명력을 인체에 공급한다고 여겼다. 덧붙여 인체의 각 부분으로 흘러간 혈액은 다시 돌아오지 않고 소모된다고 생각했다. 그러니까 간에서 끊임없이 혈액이 만들어지면 일부는 정맥혈이 되어 인체에 영양분을 공급하고 일부는 폐를 거쳐 동맥혈이 되어 생명력을 공급하면서 사라진다고 판단했다.

오늘날의 기준으로 바라보면 터무니없으나 2000년 전 인류가 지닌 기술적 한계를 감안하면 용인할 수 있는 주장이다. 간은 신장과 더불어 혈액의 독소와 불순물을 제거하는 기관이라 손상을 입으면 엄청난 출혈이 발생한다. 이러한 사실을 참고하면 '간에서 피가 만들어진다'는 주장도 나름의 근거는 있다. 살아 있는 동물을 해부하던 중 간을 찌르면 엄청난 피가 뿜어져 나오는 것을 관찰한 다음 그런 결론을 내릴 수도 있기 때문이다. 덧붙여 현미경을 발명하기 전까지는 모세혈관을 확인하지 못했다. 혈액의 순환을 간단히 설명하면 심장의 좌심실이 뿜어낸 혈액은 동맥을 통해 인체의 말단에 위치한 모세혈관까지 흘러간다. 육안으로는 관찰할 수 없을 만큼 작은 모세혈관에서 혈액이 운반한 산소와 영양분이 조직으로 전해지고 조직에 쌓인 이산화탄소와 불순물이 혈액에 넘어온다. 그런 다음 모세혈관에 연결된 정맥을 통해 심장의 우심방으로 돌아오면 우심실이 다시 폐로 혈액을 뿜어낸다. 그러면 폐에서 혈액은 조직에서 수거한 이산화탄소를 버리고 산소를 얻는다. 그런 다음 혈액이 좌심방으로 들어오면 좌심실이 다시 동맥을 통해 모세혈관으로 뿜어낸다. 따라서 현미경이 없어 모세혈관의 존재를 확인할 수 없던 시대에는 동맥과 정맥이 하나의 연결된 순환계라고 생각하기 어려웠다.

윌리엄 하비는 고대 그리스-로마 시대부터 전해진 이런 전통에 의문을 제기하고 공개적으로 반론을 제기한 최초의 인물이다. 윌리엄 하비는 '심장은 일종의 펌프이고 동맥과 정맥은 하나의 연결된 순환계이며 혈액은 조직에서 사라지는 것이 아니라 순환한다'고 주장했다. 그런데 윌리엄 하비가 활동하던 시대에도 모세혈관을 관찰할 수 있는 현미경은 없었다. 그럼 윌리엄 하비는 어떻게 혈액이 순환하는 것을 알아냈고 사람들을 설득할 근거를 마련했을까?

파라켈수스와 마찬가지로 윌리엄 하비도 갈레노스와 이븐 시나가 만든 철학적 논리에 휘둘리지 않고 직접 관찰하여 얻은 결과를 바탕으로 이론을 세웠다. 특히 위대한 해부학자인 파브리키우스의 제자답게 윌리엄은 다양한 동물을 해부하여 심장을 관찰했다. 그래서 심장이 혈액을 짜내는 펌프란 것을 알아냈다. 또 상황에 따라 빨라지기도 하고 느려지기도 하지만 평소 심장이 뛰는 평균 횟수는 일정하다는 것도 확인했다. 윌리엄은 거기서 한 걸음 나아가 인간의 심장이 한 번 뛰면서 뿜어내는 혈액량과 1분간 평균적으로 뛰는 횟수를 조사하여 1분간 심장이 뿜어내는 혈액량을 계산했다. 그렇게 계산한 결과 인간의 심장은 1분에 0.5~1리터의 혈액을 뿜어낸다는 결론을 내렸다. 물론 윌리엄의 계산이 정확하지는 않다. 실제로 인간의 심장은 휴식 중에는 분당 4리터, 운동 중에는 분당 25리터의 혈액을 뿜어낸다. 그래도 그런 '과학적 계산'을 통해 윌리엄은 2000년 가까이 견고하게 지지받은 그리스-로마 시대 대가의 이론이 틀렸다는 것을 증명했다. 갈레노스의 주장처럼 혈액이 순환하지 않고 조직에서 소모되어 사라진다면 하루에 수천 리터의 어마어마한 양을 만들어야 하기 때문이다.

그러나 앞서 말했듯 윌리엄 하비가 활동하던 시대에는 모세혈관을 관찰할 방법이 없었다. 망원경을 이용해 원시적인 현미경을 만들었으나 모세혈관 같이 극히 작은 구조를 관찰하기에는 부족했다. 그래서 윌리엄은 간접적인 방법을 사용했다. 튼튼한 가죽끈으로 팔을 세게 묶으면 동맥과 정맥이 모두 눌려 묶은 부위 위쪽이 부어오르나, 정맥만 눌릴 정도로 약하게 묶으면 동맥을 통해 공급한 혈액이 돌아오지 못해 묶은 부위 아래쪽만 부어오르는 현상을 보여 주는 것이 대표적인 사례였다. 하지만 그런 간접적인 방법으로는 사람들을 설득할 수 없었다. 특히 의과대학 교수진을 비롯한 주류 의학계는 파라켈수스가 체액설을 부정했을 때와 똑같이 반응했다. 그들은 윌리엄 하비의 주장을 불경할 뿐만 아니라 근거도 없는 낭설로 치부했다.

다만 윌리엄 하비는 파라켈수스와 달리 자신의 의학적 주장 때

47

찰스 1세 앞에서 혈액 순환을 증명하는 윌리엄 하비

문에 대학에서 쫓겨나지는 않았다. 야반도주한 적도 없고 여기저기 방랑하며 떠돌지도 않았다. 파라켈수스만큼 불경한 주장을 하며 주류 의학계를 뒤흔들었음에도 크게 위협받지 않은 이유는 몰락 귀족 혹은 가짜 귀족인 파라켈수스와 달리 윌리엄 하비는 잉글랜드 왕 찰스 1세의 주치의이며 가까운 친구였기 때문이다. 심지어 1634년 윌리엄 하비가 마녀로 몰린 여성을 '과학적 방법으로 관찰하니 무고하다'고 판결했을 때도 신변의 위협을 느끼지 않았다.(중세만큼은 아니나 17세기 초반에도 마녀로 몰리면 대부분 살아남지 못했고, 그런 여성을 무고하다고 주장한 인물도 곤경에 처할 때가 많았다.)

그러나 인생의 후반부에서 윌리엄 하비는 의학적 주장 때문이 아니라 '찰스 1세의 친구'란 이유로 곤경에 처한다. 찰스 1세를 지지하는 왕당파와 올리버 크롬웰이 이끄는 의회파로 나뉘어 내전에 돌입하기 때문이다. 특히 1649년 패배한 찰스 1세가 처형당하고 1653년 올리버 크롬웰이 호국경(Lord Protector)에 올라 '왕이 없는 정부'를 이끌면서 윌리엄 하비는 정신적으로도 크게 고통받는다. 1651년 그가 음독 자살을 시도했던 것도 그 때문이다. 1659년 올리버 크롬웰이 사망하고 이듬해인 1660년 찰스 1세의 아들 찰스 2세가 왕위에 오르면서 왕정복고가 이루어지나 윌리엄 하비는 자살 시도 실패 후 뇌졸중에 시달리다 1657년 사망해서 감격을 누리지 못했다.

윌리엄 하비는 대단히 모순적인 인물이다. 우선 사회적으로 그는 대단히 보수적이었다. 귀족은 아니어도 매우 부유한 계층에서 태어나 평민으로는 최고의 교육을 받았으며 국왕의 주치의가 되었다. 올리버 크롬웰이 이끄는 청교도 혁명이 없었다면 친구인 찰스 1세가 그에게 작위를 주어 귀족이 되었을 것이다. 이른바 기득권층에 속했던 그는 처음부터 끝까지 왕권신수설을 믿는 완고한 왕당파였다. 그러나 의학자 윌리엄 하비는 대단히 혁신적인 인물이다. 파라켈수스와 마찬가지로 그는 과학적 방법을 통해 갈레노스와 이븐 시나의 학설을 반박했다. 그래서 그도 파라켈수스처럼 주류 의학계의 반발에 부딪혔으나 찰스 1세의 측근이라 의학적 주장을 이유로는 별다른 박해를 받지 않았다.

특히 당시에는 모세혈관을 관찰할 수 없어 '혈액이 순환한다'는 그의 주장을 뒷받침하는 직접 증거는 없고 하루 동안 심장이 뿜어내는 혈액량을 계산하여 '그렇게 많은 혈액을 인체가 매일 만들 수 없다'는 간접 증거만 제시할 수 있었다. 그뿐만 아니라 마녀재판에서 피고에게 무죄를 선고하는 위험한 행동을 했음에도 지위와 안전에 위협이 없었던 것은 '왕의 측근'이란 위치가 크게 작용한 덕이었다. 심지어 찰스 1세를 처형한 올리버 크롬웰의 공화국 정부도 늙은 윌리엄 하비를 심하게 박해하지는 않았다. 찰스 1세의 주치의로 기반을 닦은 덕분에 '혈액이 순환한다'는 당시 주류 의학에서는 이단에 가까운 주장에도 불구하고 올리버 크롬웰이 다스리는 세상에서도 윌리엄 하비는 '영국 의학의 권위자'로 인정받았다.

그런데 주류 의학계와 부딪힌 모든 사람이 윌리엄 하비처럼 운이 좋거나 파라켈수스처럼 유능한 투사는 아니었다.

윌리엄 하비 *William Harvey, 1578~1657*

영국의 의사이자 생리학자이다. 케임브리지 대학을 졸업하고 1598년 이탈리아 파도바 대학에서 박사 학위를 받았으며, 이때 당대 저명한 해부학자인 파브리키우스에게 가르침을 받았다. 1602년 유학 생활을 마친 후 귀국한 뒤 런던에서 진료소 문을 열었다. 그는 큰 성공을 거두었다. 그가 치료한 환자 중에는 대법관이던 프랜시스 베이컨과 신성 로마 제국 황제의 궁정에 대사로 파견된 이룬델 백작도 있었다.

1628년 저서 『동물의 심장과 혈액의 운동에 관한 해부학적 연구(Exercitatio Anatomica de Motu Cordis et Sanguinis in Animalibus)』를 통해 혈액 순환론을 주장한다. 이는 주류 의학이던 갈레노스의 이론에 반하는 내용이었기 때문에 당시에는 인정받지 못했다. 하지만 이 책은 기존 이론의 모순 제시 및 반박, 새로운 가설 설정과 실험을 통한 가설 검증이라는 근대 과학의 순서를 모두 따라서 자신의 의견을 증명한 것이기에 그 내용뿐만 아니라 형식적으로도 중요한 저서이다.

손 씻기가
불러온 기적

이그나츠 제멜바이스

Ignaz Semmelweis, 1818~1865

바닥은 차가웠다. 바닥만 차가운 것이 아니라 공기도 싸늘했다. 너무 추워 온몸이 덜덜 떨렸다. 그러나 사내는 몸조차 자유롭게 떨지 못했다. 강압복(straitjacket, 정신병동에서 폭력적인 환자를 제압하기 위해 입히는 옷)을 입어 팔은 팔짱을 낀 상태로 고정되고 무릎도 서로 묶여 있었기 때문이다. 애벌레를 연상하는 모습으로 낮게 신음하며 꿈틀거리는 것이 할 수 있는 동작의 전부였다. 그나마도 꿈틀거릴 때마다 팔짱을 낀 상태로 고정한 오른손이 아팠다. 고약한 냄새와 함께 강압복에 찐득한 액체가 스미는 것으로 미루어 오른손은 거무튀튀하게 변해 부풀어 올랐을 가능성이 컸다. 사내는 어렵지 않게 '괴저'란 단어를 떠올렸다. 그러고 보니 사내의 외모는 정신병자에 어울리지 않았다. 양쪽 옆에만 조금 남아 있고 거의 벗어진 곱슬거리는 머리카락, 약간 통통한 뺨과 짧은 콧수염, 둥근 눈매와 살이 붙은 턱은 환자보다 의사에 어울렸다. 실제로도 사내는 의사였다. 불과 몇 주 전까지도 '선생님'이라 불렸고 '박사'란 호칭을 사용했다. 물론 이제는 강압복을 입고 애벌레 같은 자세로 정신병동의 차가운 바닥에 누워 있다. 식은땀이 흐르고 몸은 불덩이처럼 뜨거웠으며 힘겹게 가쁜 숨을 몰아쉬었다. 사내는 자신에게 벌어진 재앙을 이해할 수 없었다.

"지옥에 떨어질 오스트리아 놈들! 빈 대학의 머저리들! 나약한 헝가리 민중들!"

화가 치밀어 오른 사내는 크게 소리쳤다. 정확히 말하면 크게 소리치려 했으나 너무 쇠약해서 중얼거리는 정도에 불과했다. 그러자 왈칵 눈물이 쏟아졌다. 사내는 억울했다. 음모였다. 모함이 틀림없었다. 오스트리아 놈들은 원래 헝가리인이 명성을 날리고 출세하는 것을 싫어한다. 오스트리아 놈들뿐만 아니다. 헝가리 귀족이란 녀석들도 별반 다르지 않다. 황제, 대공, 후작, 백작, 시시껄렁한 남작까지 귀족은 모두 한통속이다. 그렇다면 1848년이 문제였을까? 그렇지. 그게 문제였을 것이 틀림없다. 아무리 생각해도 멀쩡한 사람을, 환자의 생명을 구하는 유능한 의사를 미치광이로 몰아 정신병원에 가두려면 빈 대학 의학부의 머저리로는 부족하다. 정부만 이런 일을 꾸밀 수 있다.

쾅, 쾅, 쾅, 쾅, 쾅.

그때 멀리서 큰 폭음이 들렸다. 그런 다음 조금 가까이에서 비슷한 소리가 들렸다. 처음에는 확신하지 못했으나 가까이에서 들린 소리는 틀림없이 대포였다. 곧 둔탁한 대포 소리와 확연히 구분할 수 있는 경박하고 요란한 폭음이 들렸다. 소총 소리였다. 얼마 지나지 않아 함성과 다급히 외치는 소리가 높은 벽과 두꺼운 문을 넘어 정신병동 안까지 들려왔다. 그리고 아주 가까운 곳에서 총소리가 들렸고 어지러운 발자국 소리가 이어졌다. 사내는 침을 꿀꺽 삼키고 소리에 귀를 기울였다. 열쇠 꾸러미를 뒤적이는 요란한 소리, 자물쇠에 꽂은 열쇠를 돌리는 소리, 드디어 사내를 가둔 병실의 문이 열리는 소리가 들렸다.

"이그나츠 제멜바이스 박사님!"

이그나츠 제멜바이스, 사내는 자신의 이름이 낯설게 느껴졌다. 정신병동과 강압복이 주는 변화였다. 정신병동에 얼마나 갇혀 있었는지도 잘 떠오르지 않았다. 오늘이 며칠인지, 계절이 무엇인지도 희미했다.

"박사님, 이제 안심하셔도 됩니다!"

사내에게 다가온 무리는 건장한 청년 넷이었다. 셋은 소총을 들었고 우두머리로 보이는 녀석의 안경이 반짝였다.

"자네들은 누군가?"

사내의 말에 안경잡이가 싱긋 웃으며 가슴을 쫙 펴고 말했다.

"시민군입니다!"

그러고는 나머지 셋을 바라보며 말했다.

"어서 박사님을 풀어 드려!"

사내는 어안이 벙벙했다. 시민군이라고? 혁명이 일어났단 말인가?

"그렇습니다. 합스부르크가의 폭군은 물러났습니다. 이제 시민이 다스리는 세상입니다."

안경잡이는 사내의 마음을 꿰뚫어 본 듯 말했다. 그랬구나. 1848년에는 실패했으나 드디어 성공했구나. 사내는 감격에 흐느꼈다. 그러고는 안경잡이에게 물었다.

"그런데 올해가 몇 년인가?"

아무리 생각해도 올해가 몇 년인지 기억나지 않아 미치광이처럼 보일 것을 각오하고 물을 수밖에 없었다. 사내의 물음에 안경 잡이는 어깨를 으쓱하며 말했다.

"박사님, 너무 당연한 것을 물으시네요. 올해는 1848년입니다."

1848년이라고? 그럴 리가 없다. 1848년일 수 없다. 사내는 희미해지는 머릿속을 헤집어 1865년이란 것을 기억했다. 그래, 올해는 1865년이지. 1848년일 리가 없다. 그렇다면 이 모두는 무엇인가? 사내의 생각은 거기까지였다. 단순히 의식을 잃으며 환상이 끝난 것은 아니었다. 심장이 혈액을 뿜어내는 것을 멈추었고 뇌세포끼리 주고받는 전기 신호가 사라졌다. 쉽게 말해 사내는 사망했다. 사내의 환상은 패혈증 쇼크에 빠져 죽음을 맞이하기 직전 찾아온 작은 위안에 불과했다.

그렇게 헝가리 출신의 위대한 의사 이그나츠 제멜바이스는 1865년 8월 13일 빈의 정신병원에서 패혈증 쇼크로 사망했다.

고대 로마 제국에서 이혼과 사별은 여자에게 불리하거나 숨기고 싶은 과거가 아니었다. 이전 결혼에서 얻은 자녀도 마찬가지다. 오히려 자녀가 딸린 젊은 이혼녀나 남편을 여읜 여자는 구혼자의 관심을 끌었다. 고대 로마 제국에서 여성의 지위가 높아서는 아니다. 오히려 고대 로마 제국은 가부장이 대수롭지 않은 실수를 명분 삼아 가족 구성원을 합법적으로 처형할 수 있을 만큼 극단적인 가부장제 사회였다. 당시 여성에게 가문의 이름을 이어받을 자녀를 낳는 것은 아주 중요한 의무였는데, 그래서 자녀가 딸린 젊은 이혼녀와 남편이 죽은 여자는 재혼에 성공할 가능성이 컸을 뿐이다. 불임이 아니란 것과 출산 중 사망할 가능성이 상대적으로 적다는 것을 증명했기 때문이다.

오늘날에는, 특히 남성은 출산이 오랫동안 대단히 위험했음을 알지 못할 가능성이 크다. 그러나 20세기 초반까지도 출산 중 산모가 사망하는 사례는 드물지 않았다. 오늘날에도 가난한 국가에서는 여전히 산모가 사망하는 사례가 빈번하며 의료 제도가 우수한 국가에서도 출산에는 예상하기 힘든 위험이 따른다. 임신중독증, 전치태반, 태반조기박리, 양수색전증, 자궁파열 등 산부인과 의사가 아니라도 의료인이라면 출산과 관련한 심각한 상황을 어렵지 않게 떠올릴 수 있다.

그런데 출산을 순조롭게 마무리해도 위험은 끝나지 않는다. 분만 당시 건강하게 아이를 낳아도 산모가 자리를 털고 일어날 것이라 보장할 수는 없다. 아이를 낳고 열흘이 지날 때까지 산모에게 문제가 없어야 겨우 안심할 수 있다. 왜냐하면 과거에는 별다른 합병증 없이 건강하게 아이를 낳은 산모 가운데 상당수가 열흘이 지나기 전에 사망했기 때문이다.

일단 처음에 산모는 입맛이 없다고 하며 아랫배의 불편감을 호소한다. 물론 아이를 낳았으니 대수롭지 않은 증상일 수도 있다.

그러나 곧 춥다면서 몸을 떨기 시작하고 몸이 불덩이처럼 뜨거워진다. 고약한 냄새의 분비물이 질로 흘러나오고 두통과 쇠약감을 호소한다. 여기까지 이르면 의사와 산파뿐만 아니라 산모와 그 가족도 불길한 운명을 예감한다. 얼마 지나지 않아 산모는 숨을 가쁘게 몰아쉬기 시작하고 식은땀을 흘리며 점차 의식이 처진다. 이어서 팔과 다리가 힘없이 늘어지고 여전히 몸은 불덩이처럼 뜨거우나 가쁘게 몰아쉬던 숨이 이제는 지나치게 느려진다. 그리고 조금 시간이 흐르면 호흡이 사라지고 심장이 멈춘다.

출산 후 열흘 이내에 나타나는, 발열이 가장 도드라진 특징이라 '산욕열(puerperal fever 혹은 childbed fever)'이라 불린 이 질환은 출산 과정에서의 상처 감염이 원인이다. 요즘에는 출산 중 멸균 처리와 항생제 치료를 통해 쉽게 예방하고 치료할 수 있으나 19세기 중반까지도 산과 병동에 입원한 산모의 사망률이 20~30%에 다다를 정도로 무시무시한 위력을 떨쳤다.

물론 산욕열뿐만 아니라 모든 상처 감염이 20세기 초반까지는 대단히 치명적인 질환이었다. 예를 들어 발바닥에 자그마한 가시가 박히거나 작업 중 손등을 긁히는 상처로 사망하는 사례도 드물지 않았다. 모기 같은 벌레에 물린 상처를 긁어도 마찬가지였다. 부러진 뼈가 피부를 뚫고 나오는 개방성 골절(open fracture) 같은 심각한 상처는 말할 것도 없고 심지어 대가로 추앙받는 외과 의사에게 수술을 받은 뒤에도 상처 감염과 그로 인한 죽음의 위험이 따라다녔다. 상처 감염이 그토록 치명적이던 이유는 쉽게 패혈증

(sepsis)으로 악화했기 때문이다. 세균 감염이 특정 부위에 국한하지 않고 혈액을 타고 몸 전체로 퍼져 폐, 심장, 간, 신장 같은 다양한 장기를 손상시키는 패혈증은 오늘날에도 중증 질환에 속하니 항생제가 없던 시절에는 사형 선고나 다름없었다.

그런데 왜 과거에는 대수롭지 않은 상처에 감염이 발생하고 아주 쉽게 패혈증으로 악화했을까? 단순히 항생제가 없어서는 아니었다. 오늘날보다 영양 상태가 나쁜 것도 부분적으로 작용했겠으나 가장 큰 차이는 위생이었다. 오늘날에는 의료인이 아니더라도 세균과 바이러스 같은 미생물이 상처 감염뿐만 아니라 모든 감염의 원인인 것을 알지만, 19세기 중반까지도 미생물이 감염을 일으키는 것을 몰랐다. 르네상스를 지나고 계몽주의 시대로 접어들면서 조금씩 갈레노스와 이븐 시나의 고대 의학에서 벗어났으나 질병의 원인을 외부에서 찾지 않고 체액설 같은 철학적 논리를 내세워 인체 내부의 무너진 균형에서 찾던 전통은 너무 깊이 뿌리내려 떨쳐 낼 수 없었다.

그래서 19세기 중반까지 일반인뿐만 아니라 의료인도 위생에 관심을 기울이지 않았다. 의료 기구를 화학 약품이나 끓는 물에 소독하고, 의료인이 환자를 진료하기 전 손을 씻고, 입원한 환자에게 깨끗하게 세탁한 환자복과 담요를 제공하는 기본적인 일도 지켜지지 않았다. 팔과 다리를 절단하는 도구조차 피만 대충 닦아 내고 사용했으며 의사는 한 번도 손을 씻지 않고 다양한 환자를 연이어 진료했다. 심지어 근무복에 핏자국이 많을수록 유능한 의

사로 여겨졌고 환자의 상처를 봉합하는 바늘과 실, 동여매는 붕대
도 온갖 세균이 득실거리는 상태로 보관했다. 덕분에 상처 감염과
더불어 병원 내부에서 미생물에 감염되는 원내 감염이 일상적으
로 발생했고 많은 환자가 패혈증에 걸려 생명을 잃었으나 그 모두
'어쩔 수 없는 일'로 여겨져 누구 하나 개선하려 노력하지 않았다.
적어도 이그나츠 제멜바이스가 나서기 전까지는 그랬다.

빈은 유럽 최고의 도시다. 19세기 당시, 한풀 꺾였어도 오스트
리아 제국은 여전히 강대국이었으며 그 심장인 빈은 가장 부유한
도시는 아닐지 몰라도 예술가가 모여드는 화려하고 세련된 도시였
고 대학부터 병원까지 유럽의 어느 도시에도 뒤지지 않았다. 알게
마이네스 크랑켄하우스(Allgemeines Krankenhaus)는 그런 빈에
서도 손꼽히는 산부인과 병원이다. 병원의 규모와 의료진의 수준
모두 유럽 최고를 넘어 세계 최고였다. 파울은 자신이 그런 병원
에서 일하는 것에 자부심을 느꼈다. 물론 의사가 아니라 접수원이
었으나 병원의 구성원이란 부분에서는 다를 것이 없기 때문이다.

"혹시 개인적 부탁을 해도 되겠습니까?"

서류를 확인하던 파울은 낯선 남자의 목소리에 고개를 들었다.
목소리의 주인은 40대 후반 혹은 50대 초반으로 보이는 중년 남

자였다. 멋지게 다듬은 콧수염, 건장한 체격, 뾰족한 투구와 제복으로 미루어 제국 경찰이 틀림없었다. 파울 같은 계층에게 제국 경찰은 두렵고 달갑지 않은 존재이나 이번에는 분위기가 조금 달랐다.

"실은 제 딸이 곧 출산입니다. 그래서 오늘 여기에 입원하려고 합니다."

빈 최고의 산부인과 병원이니 산모라면 당연히 여기를 찾을 것이다. 물론 아주 신분 높은 귀족이면 다르겠으나 그들을 제외하면 대부분의 산모는 아이를 낳기 위해 이곳 알게마이네스 크랑켄하우스를 찾는다.

"그래서 말입니다만 혹시 2병동으로 입원할 수 있을까요?"

2병동이라, 또 그런 부탁이군. 파울은 얼굴을 찌푸렸다. 아침부터 이런 부탁을 마주하다니. 하루에도 몇 번씩 마주하는 부탁이지만 일찌거니 시작하는 것을 보니 기운이 빠졌다.

"아직 병동을 배정받지 않았습니까?"

파울의 물음에 제국 경찰은 고개를 가로저었다.

"아닙니다. 병원에서는 1병동을 배정했다고 합니다."

그랬군. 아침부터 골치 아프겠어. 파울은 한숨을 내쉬었다. 평범한 사람이 부탁했다면 아예 상대하지 않았을 것이다. 그러나 제국 경찰이니 최소한의 예의는 갖추어야 했다.

"저는 접수원에 불과합니다. 이미 배정한 병동을 변경할 권리가 없습니다. 죄송합니다."

그러나 제국 경찰은 포기하지 않았다. 다른 문제라면 분명히 고압적인 태도로 위협했을 것이다. 하지만 이번에는 그럴 수 없었다. 제국 경찰이 평범한 시민에게 조심스레 말하다니.

"그래도 어떻게 방법이 없겠습니까?"

제국 경찰답게 상대는 포기할 줄 몰랐다. 파울은 다시 한 번 정중하게 거절하려고 했다. 그런데 그때 예상하지 못한 사람이 끼어들었다.

"2병동을 원하는 이유가 무엇입니까?"

독일어에 묘하게 섞인 헝가리 억양만으로도 누군지 알아차릴 수 있었다. 이그나츠 제멜바이스, 재수 없는 헝가리인 의사가 분명했다.

"1병동은 의사가 진료합니다. 의대생도 들락거립니다만 그래도 2병동의 산파보다는 훌륭한 인력입니다. 그런데 왜 2병동을 원합니까?"

제국 경찰은 갑자기 대화에 끼어든 헝가리인을 물끄러미 바라봤다. 그제야 제멜바이스는 겸연쩍은 표정으로 신분을 밝혔다.

"아, 저는 이 병원의 의사입니다. 이그나츠 제멜바이스 박사죠."

그러자 제국 경찰의 표정이 한결 밝아졌다. 접수원보다는 의사에게 부탁하는 것이 효과적일 테니까.

"그게 말입니다. 1병동이 위험해서 그렇습니다. 나의 다른 아이는 모두 어려서 죽고 자식은 딸 하나뿐입니다. 그래서 부탁합니다. 선생님, 제발 2병동으로 옮겨 주실 수는 없습니까?"

제멜바이스가 뭐라고 대답하기 전에 파울이 입을 열었다. 재수 없는 헝가리인이 골치 아픈 일을 만들기 전에 마무리하는 것이 현명한 판단이기 때문이다.

"그 문제는 저와 얘기하시죠. 마침 2병동에 빈자리가 있으니 옮겨 드리겠습니다."

파울의 말에 제국 경찰의 얼굴에는 밝은 미소가 떠올랐다. 대화의 주제가 사라져서 제멜바이스는 더 이상 묻지 못했으나 호기심이 솟아올랐다. 왜 제국 경찰은 자신의 딸이 2병동에 입원하기를 원했을까? 1병동이 위험하다는 말은 무슨 뜻일까? 제멜바이스는 호기심을 참을 수 없었다. 그날 오후 제멜바이스는 서둘러 진료를 끝내고 기록실을 향했다. 알게마이네스 크랑켄하우스의 진료 기록은 자세하고 정확하기로 유명했다. 그래서 제멜바이스는 1병동과 2병동의 사망률을 조사했다. 진료 기록이 자세하고 정확하다는 것은 그만큼 방대하다는 뜻이라 적지 않은 시간과 노력이 필요했으나 집요한 성격의 제멜바이스에게는 걸림돌이 아니었다.

진료 기록을 정리한 결과는 놀라웠다. 의사와 의대생이 진료하는 1병동의 산모 사망률은 10~20%인 반면에 산파가 진료하는 2병동의 산모 사망률은 4~5%였다. 접수원과 실랑이를 벌인 제국 경찰의 말처럼 확실히 1병동이 위험했다. 2병동과 비교하면 '죽음의 병동'이라 불러도 이상하지 않았다.

그렇다면 무엇이 원인일까? 같은 병원이라 1병동과 2병동은 의료진만 다를 뿐 다른 조건은 동일하다. 또 1병동과 2병동의 사망률 차이는 산욕열 때문이었다. 다른 원인으로 인한 사망은 비슷했으나 1병동의 산모가 2병동의 산모보다 산욕열에 걸리는 횟수가 압도적으로 많았다. 따라서 1병동에서 산욕열이 더 많이 발생하는 이유를 찾아야 했다.

제멜바이스는 어렵지 않게 이유를 찾았다. 1병동과 2병동의 차이는 의료진뿐이다. 2병동의 산파는 그저 출산만 담당했으나 1병동의 의사와 의대생은 산욕열로 사망한 산모의 부검도 담당했다. 아무래도 산욕열로 사망한 산모를 부검하면서 의사와 의대생의 손이 산욕열을 일으키는 '부패 입자'에 오염된 듯했다. 그런 부패 입자가 의사와 의대생의 손을 통해 1병동의 건강한 산모를 오염시켰고 그래서 1병동의 사망률이 높을 가능성이 컸다.

가설을 완성한 제멜바이스는 행동에 나섰다. 그는 비교적 쉽게 구할 수 있는 물질인 염화석회로 손씻기를 시작했다. 1병동에서 산모를 진료하기 전 모든 의료진이 염화석회로 손을 씻도록 규정했다. 그러자 놀라운 일이 벌어졌다. 1847년 초반, 1병동의 산모 사망률은 18%였는데, 5월부터 염화석회로 손씻기를 시행하자 1847년 후반에는 1~2%로 감소했다. 확신을 얻은 제멜바이스는 빈 의학계에서 자신의 이론을 적극적으로 주장했다.

이그나츠 제멜바이스는 1818년 헝가리 부다페스트에서 태어났다. 당시 헝가리는 오스트리아 제국에 속했다. 그런데 합스부르크 왕가가 다스리는 오스트리아 제국은 19세기에 어울리지 않는 묘한 국가였다. 영국, 프랑스, 스페인 같은 국가는 이미 근대에 어울리는 국민 국가를 완성했고 독일과 이탈리아도 19세기 중반 통일에 성공해서 국민 국가를 형성한 반면, 19세기 초반 오스트리아 제국은 중세에 어울리는 봉건 국가였다. 다른 유럽의 주요 국가가 하나의 공동체로 통합했지만, 오스트리아 제국은 합스부르크 가문의 황제 아래 다양한 공동체가 느슨하게 모여 있는 구조였기 때문이다. 그래서 덩치만 거대할 뿐, 온갖 질병에 시달리는 허약한 거인에 가까웠다. 그런 상황에서 독일계이나 헝가리에서 태어난 제멜바이스는 처음부터 여러 가지 측면에서 불리했다. 그래도 상인으로 성공한 아버지 덕분에 오스트리아 제국의 수도에 자리한 빈 대학에서 의학을 전공하고 1844년 박사 학위를 받으며 알게마이네스 크랑켄하우스에서 산과 의사로 경력을 시작할 수 있었다.

앞에서 소설처럼 재구성한 제국 경찰과 접수원의 일화에서 살펴본 것처럼 당시 알게마이네스 크랑켄하우스의 1병동과 2병동은 산모 사망률의 차이가 컸다. 그래서 1병동에 배정된 산모와 보호자가 '제발 2병동으로 옮겨 달라'고 사정하는 사례가 빈번했고 거기에 흥미를 느낀 제멜바이스는 두 병동의 차이를 연구하기 시작했다. 앞서 이야기한 것처럼 산욕열에 걸려 사망한 산모를 부검하고는 손을 제대로 씻지 않고 건강한 산모를 진료하는 습관이 1병동의 사망률이 높은 이유였고, 제멜바이스는 손 씻기를 통해 1병동의 산모 사망률을 혁신적으로 개선했다.

사실 제멜바이스는 '의료진의 불결한 손이 산욕열을 일으킨다'고 주장한 최초의 인물은 아니다. 미국의 유명한 시인이자 의사인 올리버 웬들 홈스 1세(Oliver Wendell Holmes, 1809~1894)가 이미 '의사가 산모들 사이에 산욕열을 옮기는 원인'이라고 주장했다. 다만 올리버 웬들 홈스 1세는 미국에서 활동했고 의사보다는 시인과 만능 지식인으로 유명해서 그런 혁신적인 주장으로도 궁지에 몰리지 않았다. 기껏해야 '의사는 신사이며 신사의 손은 청결하다'는 반발에 부딪혔을 뿐이었고, 미국 의학계 주류가 파멸시키기에 올리버 웬들 홈스 1세는 지나치게 유명한 거물이었다.

그러나 제멜바이스는 달랐다. 의사와 의대생의 손과 의복이 산욕열을 전파하는 원인이란 주장은 빈의 주류 의학계에는 '산욕열이 창궐하는 이유가 바로 당신들이다', '당신들은 생명을 구한다며 거들먹거리나 실제로는 살인자에 지나지 않는다'라는 말로 들렸다. 더구나 제멜바이스의 주장을 따른 몇몇 젊은 의사가 산욕열 예방에서 획기적인 성과를 거두자 상황은 더욱 나빠졌다. 제멜바이스의 주장이 단순히 허무맹랑한 소리로 밝혀졌다면 그를 정신 나간 헝가리인으로 치부하고 넘어갈 수 있었으나 실제로 대단한 성과를 거두는 바람에 그럴 수가 없었다. 이율배반적이게도 제멜바이스는 사실을 밝혀내고 커다란 성과를 거두어서 더욱 위태로워졌다.

1848년이 되자 상황은 더욱 꼬였다. 1848년은 유럽에서 '혁명의 해'였다. 1968년을 권위주의와 온갖 차별에 맞서 진보적인 젊은 층이 봉기한 시기로 기억하는 것처럼 19세기 유럽에서는 1848년이 그랬다. 프랑스에서는 2월 혁명이 일어나 루이 필리프의 왕정이 무너지고 공화국이 들어섰고 독일에서도 혁명이 일어나 프랑크푸르트 국민 의회가 열렸다. 이탈리아에서도 주세페 마치니가 이끄는 청년 이탈리아당이 봉기했으며 빈도 당연히 혁명의 물결에 휩쓸렸다. 강압적인 페르디난트 1세가 물러나고 개혁을 약속한 젊은 황제 프란츠 요제프 1세가 즉위했다.

제멜바이스는 독일계였으나 혁명에 참여했다. 또 헝가리 독립에도 우호적이었으며 그의 형제 몇몇은 적극적으로 헝가리 독립 운동에 참여했다. 하지만 1848년 혁명은 잠깐 반짝이고 꺼지는 횃불에 불과했다. 프랑스에서는 2월 혁명으로 대통령이 된 루이 나폴레옹이 친위 쿠데타를 일으켜 황제 나폴레옹 3세가 되었다. 독일의 프랑크푸르트 국민 의회는 성과 없이 해산했다. 주세페 마치니가 교황을 로마에서 쫓아내고 수립한 로마 공화국은 1년도 버티지 못하고 붕괴했다. 오스트리아 제국의 상황도 비슷해서 프란츠 요제프 1세는 곧 개혁을 철회하고 절대 왕정을 복원했다.

따라서 제멜바이스의 처지는 더욱 나빠졌다. 빈의 주류 의학계에 미운털이 단단히 박힌 상황에서 이제는 정치적으로도 불온 세력으로 간주되었다. 1849년 그는 알게마이네스 크랑켄하우스에서 쫓겨났다. 의과대학 교수에 지원했으나 역시 탈락했다. 그래도 희망을 버리지 않고 빈 의학회에서 '산욕열의 기원'이란 강연을 성공하고 다시 한 번 의과대학 교수에 지원한다. 그러자 빈 주류 의학계는 한층 악랄한 방법으로 그를 모욕했다. 교수로 채용하겠으나 '강의만 가능하고 진료는 할 수 없으며 실습 때도 인체가 아닌 인형을 사용하라'는 조건을 덧붙인 것이다.

모욕을 참지 못한 제멜바이스는 1850년 헝가리 부다페스트로 돌아왔다. 다행히 고향에서는 의과대학 교수 자리를 얻었고 제대로 소독하지 않은 의료 기구와 의료진을 통해 산욕열이 퍼진다는 주장을 계속했다. 그러나 여전히 주류 의학계는 냉담했다. 그런 측면에는 제멜바이스의 성격도 한몫했다. 성실하나 고집 세고 선량하나 사교적이지 못한 제멜바이스는 차근차근 자신의 주장을 전개하지 않았다. 이른바 외교적 수완이 전혀 없던 그는 자신의 주장을 거부하는 동료 의사에게 '살인자', '네로 황제 같은 녀석'이란 막말을 퍼부었다. 그러면서 점점 이상한 행동을 보였다. 제멜바이스의 모든 대화는 '산욕열과 소독법'으로 이어졌다. 그것도 상대가 공감할 수 있도록 조리 있게 전개한 것이 아니라 날씨 얘기 같은 관계없는 소재로 대화하다가 뜬금없이 산욕열과 소독법을 말하는 식이었다. 또 상대가 주장을 반박하거나 흥미를 보이지 않으면 불같이 화냈다. 이전에는 가정적이고 온화한 가장이었으나 언젠가부터 유흥가에서 돈을 펑펑 쓰기 시작했고 매춘에 빠져들었다.

제멜바이스의 기행을 견디지 못한 가족과 친구는 그를 빈에 있는 정신병원에 입원시켰다. 혼란을 막기 위해 제멜바이스에게는 거짓말을 했다. 그래서 정신병원에 도착한 제멜바이스는 격렬하게 저항했다. 19세기 당시 정신병원의 치료는 감금, 구타, 관장, 찬물 샤워가 전부였고, 제멜바이스는 입원 후 폭력적인 환자로 간주되어 구타당했다. 그 구타로 인한 상처인지, 아니면 입원 전까지도 의사로 일했던 터라 수술 중 입은 상처인지 명확하지 않으나 제멜바이스의 오른손에서 상처 감염이 발생했다. 그 시대의 불운한 상처 감염이 그렇듯 순식간에 패혈증으로 발전했고 정신병원에 갇힌 지 2주 만에 제멜바이스는 사망했다.

5

제멜바이스는 상처 감염을 정상적인 치유 과정으로 생각하고 산욕열과 패혈증 같은 질환을 '신의 섭리' 혹은 기껏해야 '체액의 불균형'이라 생각하던 시대에 '불결한 의료 도구와 의료진이 산욕열을 옮긴다'고 주장하며 소독법을 고안하여 많은 생명을 구했다. 그러나 그는 파라켈수스 같은 실력 좋은 투사도 아니었고 윌리엄 하비처럼 든든한 정치적 배경을 가지지도 못했다. 고집 세고 다혈질이며 고지식했던 그는 형편없는 투사였고, 헝가리인이며 1848년 혁명 가담자란 정치적 배경은 한층 치명적으로 작용했다. 그래서 숱한 생명을 구했음에도 정신병원에서 외롭게 죽어야 했다. 심지어 그의 생명을 빼앗은 질병은 자신이 평생 연구했던 '상처 감염과 패혈증'이었다.

이그나츠 제멜바이스

Ignaz Semmelweis, 1818~1865

헝가리의 산과 의사. 1840년 오스트리아 빈 대학 의학과를 졸업했다. 빈 종합병원에서 근무하던 중 산부인과 내 두 병동의 산모 사망률이 현저한 차이를 보이는 것을 발견하고 원인을 찾아 나선다. 관찰 결과 2병동의 산파와 달리 1병동의 의사는 해부를 진행한 뒤 곧바로 분만에 나서는 경우가 있다는 것을 알아냈고, 의사와 의과 대학 학생, 산파 들에게 염화석회로 손을 씻을 것을 주문한다. 이후 산욕열로 인한 사망이 감소했고, 이를 토대로 짧은 보고서를 발표한다.

이후 1861년, 보고서의 내용을 발전시킨 『산욕열의 원인, 이해, 예방(Die Atiologie, Der Begriff und die Prophylaxis des Kindbettfiebers)』이라는 저서를 통해 산욕열을 분석하고 손 씻기(소독)의 중요성을 강조하지만, 19세기 의학 이론을 정면으로 반박하는 것이었으므로 의학계에서 부정당한다.

위의 보고서와 저서를 포함해 반대자들에게 보내는 공개 서한 등 그가 산욕열 예방을 위해 작성한 자료는 '제멜바이스의 발견(Semmelweis' discovery)'이라는 이름으로 유네스코 세계기록유산에 등재되어 있다.

광견병을 정복한 국수주의자

루이 파스퇴르

Louis Pasteur, 1822~1895

1

리볼버를 집어 든 노인의 선택은 훌륭했다. 동그란 탄창이 튀어 나온 모습이 다소 우스꽝스럽기는 하나 오랫동안 방치해도 정상적으로 작동할 가능성이 크기 때문이다. 그 리볼버는 노인이 군인으로 복무하던 시절, 그러니까 1차 세계 대전 무렵 지급받은 것으로, 마지막으로 사용한 지도 20년이 훌쩍 넘었지만 틀림없이 작동할 것이다. 그러고 보니 노인은 제복을 입은 상태였다. 그러나 군복은 아니었다. 프랑스군, 독일군, 영국군 어디에도 해당하지 않았다. 그렇다고 경찰도 아니었다. 다만 붉게 충혈된 눈, 뺨을 타고 흘러내린 눈물 자국, 떨리는 손으로 미루어 비탄에 빠진 것은 틀림없었다.

"박사님, 죄송합니다. 돼지 같은 독일 놈을 막을 수 없었습니다."

노인은 중얼거리면서 떨리는 손으로 탄환을 장전하기 위해 리볼버를 꺾었다. 리볼버를 꺾자 특유의 원통 모양 탄창이 튀어 올랐다. 노인은 서랍에서 꺼낸 종이 상자를 열고 탄환을 잡았다. 탄환에 약간 녹이 슬었으나 개의치 않았다. 노인은 세 발만 장전했다. 여섯 발을 장전할 수 있는 리볼버였으나 노인에게는 한 발만 필요했다. 세 발을 장전한 것은 혹시나 첫 번째 탄환이 불발일까 걱정했기 때문이다. 그렇게 리볼버에 탄환을 장전하며 노인은 과거를 떠올렸다. 노인이 떠올린 과거는 리볼버를 사용했던 1차 세계 대전이 아니라 그보다 훨씬 어린 시절이었다.

악마처럼 붉은 눈과 날카로운 이빨, 끊임없이 흘러내리는 침,

으르렁거리는 소리, 노인은 아홉 살 무렵의 기억으로 거슬러 올라 무시무시한 괴물을 마주했다. 노인은 날짜까지 정확히 기억했다. 1885년 7월 4일, 아홉 살 소년이던 노인은 심부름을 나선 길에 미친개와 마주쳤다. 문자 그대로 정말 미친개였다. 피할 사이도 없이 미친개가 달려들었고 방어하기 위해 무의식적으로 뻗은 오른손부터 물렸다. 오른손을 물고 난 후 미친개는 다리를 집요하게 물어뜯었다. 미쳤어도 사냥꾼의 본능은 남아 있던 개는 노인의 다리를 물어 넘어뜨리려 했다. 노인, 아니 아홉 살 소년은 필사적으로 버티었고, 요란한 소리를 듣고 나타난 남자가 총으로 개를 쏘았다.

소년은 다행히 목숨을 건졌으나 죽음을 불과 며칠 혹은 몇 주 연기한 것에 불과했다. 개는 광견병에 걸린 것이 틀림없었고 광견병에 걸린 개에 물린 사람은 모두 개와 똑같이 미쳐서 죽음을 맞이하기 때문이다. 치료법은 없었다. 개에 물린 부분을 절단하거나 대장장이가 벌겋게 달군 쇳조각으로 지지기도 하나 그런 사람도 전부 미쳐서 죽었다. 더구나 소년은 너무 많은 부분을 물려서 절단할 수도 없었다. 그날 저녁 동네 의사가 소년의 집에 찾아와 상처를 소독했고 그게 치료의 전부였다. 무겁고 침울한 공기가 집을 가득 채웠다. 소년의 어머니는 밤새 잠을 이루지 못하고 흐느꼈다.

다음 날 아침, 동네 의사가 다시 소년의 집을 찾았다. 그러고는 소년의 어머니에게 "파리에 가면 치료법이 있어요."라고 말했다. 소년의 어머니는 부랴부랴 소년을 데리고 집을 나섰고 하루가 꼬박 걸려 7월 6일 아침 파리에 도착했다. 아홉 살 소년은 처음 보는 파리의 모습에 압도당해 자신에게 다가오는 죽음도 잊어버렸다. 그러나 소년의 어머니는 조금도 지체하지 않고 걸음을 재촉했다. 처음 보는 커다란 건물에 닿았을 때, 소년은 당연히 병원이라 생각했다. 그러나 그 건물은 병원이 아니었다. 소년과 소년의 어머니는 하인의 안내를 받아 오른쪽으로 단정하게 빗어 넘긴 머리카락과 길지 않으나 멋지게 관리한 콧수염과 턱수염을 지닌 사내와 마주했다. 그러고 보니 그때 사내의 나이는 지금의 노인과 비슷했다. 사내는 품위 있는 태도로 자신을 파스퇴르 박사라 소개했다. '박사'란 단어에 소년은 '역시 의사가 맞았어'라고 생각했으나 사내는 박사일 뿐 의사는 아니었다. 다만 "조국에 온 것을 환영한다."라는 말을 했고 "어머니 프랑스는 너를 잊지 않는다."라고 덧붙였다. 그때 소년은 자세한 뜻을 몰랐다. 그래도 '치료할 수 있다'는 뜻을 알아차렸다.

파스퇴르 박사는 하인을 시켜 소년을 침대가 있는 방에 데려갔다. 그런데 늦은 저녁까지 아무도 방에 나타나지 않았다. 방 밖에서 거친 논쟁이 오갔을 뿐이다. 사람들은 모두 파스퇴르 박사를 만류했다. 위험하다, 사람에게 사용한 적이 없다, 박사님은 생화학자일 뿐 의사가 아니다, 모두 걱정스레 말했다. 그러나 파스퇴르 박사도 물러서지 않았다. 나중에는 파스퇴르 박사의 욕설과 고함이 나머지를 침묵시켰다. 그리고 그날 저녁 소년에게 연구원이 백신을 주사했다. 그 후 소년은 열흘 동안 그곳에 머무르며 추가로 열두 번의 주사를 맞았다.

덕분에 소년은 살아남았다. 그뿐만 아니라 '광견병에 걸리고 살아남은 최초의 인간'이라 불리며 한동안 유명세를 누렸다. 소년이 어른이 될 무렵 유명세는 사그라들었으나 파스퇴르 연구소에서 경비원 자리를 제안했다. 그때부터 그는 평생 파스퇴르 연구소와 파스퇴르 박사의 무덤을 지켰다. 오늘 돼지 같은 독일군 병사가 막무가내로 연구소에 들어와 파스퇴르 박사의 무덤이 어디냐고 외칠 때도 노인은 평소처럼 제복을 입고 근무 중이었다. 노인은 병사에게 "파스퇴르 박사의 무덤에는 함부로 갈 수 없다."라고 점잖게 말했으나 병사는 노인의 멱살을 잡고 총부리를 겨누었다. 총부리 앞에는 어쩔 수 없었다. 노인은 독일군 병사가 파스퇴르 박사의 무덤을 둘러보고 조롱하는 것을 지켜봐야 했다.

오늘 낮의 일이 전해 준 모욕에 몸이 부르르 떨릴 무렵 장전이 끝났다. 노인은 천천히 리볼버를 집어 들었다. 손은 더 이상 떨리지 않았다. 후회는 없었다. 파스퇴르 박사가 아니었다면 노인은 아홉 살 때 죽었을 것이기 때문이다. 박사님의 무덤을 지키지 못했으니 더 이상 삶을 이어갈 이유가 없었다. 노인은 머리에 총구를 대고 천천히 방아쇠를 당겼다.

조제프 마이스터, 광견병 백신을 맞고 생존한 최초의 인간은 그렇게 1940년 6월 24일 자살로 삶을 끝냈다.

'프랑스 역사에서 군사적 재능으로 유럽을 호령한 사람은 샤를마뉴와 나폴레옹 1세뿐이다. 그런데 샤를마뉴는 프랑스인보다는 유럽의 아버지에 가깝고 나폴레옹 1세는 코르시카 출신이다. 따라서 순수한 프랑스인 가운데 군사적 재능으로 유럽을 뒤흔든 사람은 없다.'

윗글은 역사광 사이에서 떠도는 프랑스인에 대한 농담이다. 틀린 말은 아니어서 '태양왕'이라 추앙받는 루이 14세조차도 국력을 바탕으로 한 전쟁에서는 승리해도 군사적 재능이 중요한 전투에서는 좀처럼 승리하지 못했다. 그래서 적지 않은 프랑스인이 나폴레옹 1세에게 양가감정을 느낀다. 스페인부터 모스크바까지, 스칸디나비아반도 남부부터 피라미드가 보이는 이집트의 사막까지 프랑스 깃발을 휘날렸고 유럽 각국의 왕을 프랑스인으로 채웠으나, 동시에 혁명을 배신하고 쿠데타를 일으켜 황제에 오른 독재자였기 때문이다. 그래도 나폴레옹 1세의 군사적 영광이 아직 생생하던 19세기 중반까지는 우호적인 사람이 많았다.

장 조제프 파스퇴르도 그런 사람이었다. 나폴레옹 1세의 군대에서 부사관으로 복무했고 훈장까지 받은 전쟁 영웅이니 당연히 열렬한 나폴레옹 지지자에 애국자일 수밖에 없었다. 나폴레옹 1세가 워털루 전투에서 패배한 후 그는 군대를 떠나 가난하게 살며 무두장이로 생계를 유지했으나 뜨거운 애국심은 여전했다. 그의 자녀 가운데 1822년에 태어난 셋째는 그림에 소질이 있으며 어릴 때부터 아버지를 닮아 애국심이 투철했다. 학업 성적이 아주 우수한 편은 아니었으나 장 조제프 파스퇴르는 가난한 형편에도 셋째의 교육에 관심을 기울였다. 앞서 언급한 것처럼 셋째는 그림에 소질이 있었으나 최종적으로는 화학과 생물학을 선택했고 그 결정은 현대 의학에 큰 영향을 미친다. 왜냐하면 장 조제프 파스퇴르의 셋째가 우리가 아는 유명한 루이 파스퇴르이기 때문이다.

사실 파스퇴르가 화학자 겸 생물학자로 일했던 인생 전반부는 의학과 직접적인 관계가 없다. 오히려 그 무렵에는 우유, 와인, 맥주 산업에 크게 기여했다. 파스퇴르는 우유가 변질하는 것을 방지하는 방법을 고안했고 맛있고 균일한 품질의 맥주와 오래 보관할 수 있는 와인을 개발했다. 그러나 조금만 자세히 살펴보면 파스퇴르의 초기 업적도 현대 의학과 떼려야 뗄 수 없는 관계임을 알 수 있다. 파스퇴르가 자연 발생설을 성공적으로 반박한 최초의 인물이기 때문이다.

고대 그리스-로마 시대부터 오랫동안 철학자, 과학자, 의학자 모두 자연 발생설을 지지했다. 쉽게 말해 모든 유기체에는 생명을 만들 씨앗이 있다고 믿었다. 예를 들어 동물의 사체가 부패하고 죽은 나무에서 버섯이 돋아나며 과즙이 발효하여 술과 식초가 되는 것 모두 그 안에 있는 '생명의 씨앗' 때문이라 생각했다. 질병도 마찬가지였다. 상처 감염이 발생하고 전염병이 창궐하는 것 모두 세균 같은 외부의 요인이 아니라 인체 내부의 문제가 원인이라 판단했다. 앞선 글에서 살펴본 것처럼 파라켈수스의 '매독은 성적 접촉에 의해 퍼진다'라는 주장과 제멜바이스의 '산욕열로 사망한 사체를 만진 의료진의 손과 의료 기구를 통해 건강한 산모가 산욕열에 걸린다'라는 주장이 냉담한 반응에 부딪혔던 것도 자연 발생설을 효과적으로 반박하지 못했기 때문이다.

파라켈수스, 제멜바이스와 달리 파스퇴르는 실험을 통해 자연 발생설을 반박하고 '세균 이론'을 증명했다. '백조목(swan-neck) 플라스크 실험'이라 불리는 파스퇴르의 실험 내용은 비교적 간단하다. 우선 일반적인 플라스크를 두 개 준비하여 유기물 용액(예를 들면 쇠고기 국물)을 넣는다. 그러고는 플라스크를 가열하고, 동시에 플라스크 입구에도 열을 가해 입구를 길게 늘어뜨린 다음 밀봉한다. 그런 다음 하나는 밀봉 상태를 유지하고 나머지 하나는 길게 늘어뜨린 입구를 부수어 밀봉을 깨뜨린다. 그러고 나서 며칠이 경과하면 밀봉을 유지한 플라스크에는 변화가 없으나 밀봉을 깨뜨린 플라스크에서는 세균이 번식하며 부패가 발생한다. 자연 발생설 주장대로 '생명의 씨앗'이 유기물에 잠재하여 있다면 밀봉을 유지한 플라스크에서도 부패가 발생해야 하나 깨뜨린 플라스크에서만 부패가 발생하였으니, 내부의 '생명의 씨앗'이 아니라 세균 같은 외부 요인이 부패의 원인인 것이 확실했다.

이런 실험을 토대로 파스퇴르는 프랑스의 우유, 와인, 맥주 산업을 비약적으로 발전시켰다. 섭씨 60~70도 정도까지 미지근하게 가열하는 것으로도 부패를 일으키는 미생물 대부분을 사멸시킬 수 있음을 알아낸 뒤 '파스퇴르법'이라 불리는 저온 살균법을 개발해서 우유와 와인의 보존 기간을 늘렸다. 또 외부에서 온 미생물(효모)이 와인과 맥주의 발효를 담당하는 것을 밝혀내어 발효를 일으키는 유익한 미생물은 보존하고 부패를 일으키는 나쁜 미생물은 억제하는 방식으로 프랑스 와인과 맥주의 품질을 향상시켰다. 한 걸음 나아가 특정 미생물은 산소를 많이 공급하면 성장을 멈추고 산소 공급을 멈추어 산소가 결핍되면 활발히 성장하는 것을 밝혀내서 호기성(aerobic) 세균과 혐기성(anaerobic) 세균을 분류했다.

파스퇴르가 이런 위대한 업적을 이룬 원동력은 애국심이었다. 프랑스의 와인과 맥주 산업이 직면한 문제를 해결하는 것에 크게 노력했던 이유도 독일 와인과 맥주에 질 수 없다고 생각했기 때문이다. 그런데 파스퇴르는 그 정도에 만족할 수 없었다. 우유, 와인, 맥주 같은 분야가 아니라 사람의 생명을 구하는 분야, 그러니까 의학에서 프랑스의 우수성을 널리 알리고 싶었다.

그래서 파스퇴르는 광견병을 연구하기로 결심했다.

'개가 광견병에 걸렸고 관리가 이를 주인에게 고지했는데 주인이 적절한 조치를 취하지 않아서 자유민이 물려 사망했을 경우에는 주인이 은 40세겔을 내야 하고, 노예가 물려 사망했을 경우에

는 은 15세겔을 낸다.'

　기원전 1930년경 오늘날의 바그다드 근처에 도시 국가를 건설한 수메르인이 만든 '에슈눈나 법'에 나오는 내용이다. 이처럼 광견병은 역사의 시작부터 인류를 괴롭혔다. 리사 바이러스가 원인인 광견병은 개만 걸리는 질병은 아니다. 개뿐만 아니라 늑대, 여우, 너구리, 박쥐에게 주로 전염하고 사실상 포유동물 대부분을 감염시킬 수 있다. 인간끼리의 감염은 흔치 않고 인간과 개의 밀접한 공생 관계 때문에 인류는 오랫동안 미친개의 공포에 떨어야 했다.

　광견병을 일으키는 바이러스는 특이하게도 침을 통해 전염한다. 일단 광견병에 걸린 동물에 물리면 바이러스는 신경 조직에 침투한다. 처음에는 물린 부위의 말초 신경을 침범하고 다음에는 척수, 마지막으로는 뇌까지 도달한다. 말초 신경을 침범했을 때는 해당 부위의 통증과 가려움이 나타나고 시간이 흐르면 두통과 근육통이 발생한다. 상황이 악화하여 뇌를 침범하면 심한 흥분, 착란, 과도한 공격성, 침 분비량 증가, 삼킴 장애 증상을 보인다. 이런 증상이 생기는 이유는 바이러스의 생존 전략과 관계있다. 광견병에 걸린 개체가 최대한 많은 개체를 물어 상처에 침을 넣을수록 바이러스가 널리 퍼지기 때문이다. 그리고 이 공격성이 강한 시기를 지나면 혼수상태에 빠지고 곧 사망한다. 증상이 나타나는 시간은 물린 부위에 따라 다르다. 말초 신경과 척수를 통해 뇌까지 바이러스가 침범하는 시간이 부위에 따라 다르기 때문이다. 그래서 얼굴이나 목을 물리면 증상이 빨리 나타나고 손과 발 같은 부위를 물리면 상대적으로 증상이 천천히 발현한다. 그러나 뚜렷한 치료법이 없어 죽음에 이르는 시간만 다를 뿐이었다. 당시 치료라고 해야 기껏 손과 발 같은 부위를 물린 경우에는 절단, 다른 부위라면 뜨겁게 달군 금속으로 지지는 정도였고 당연히 효과는 없었다.

파스퇴르가 광견병 치료에 흥미를 가질 무렵인 19세기 후반에는 '광견병은 침을 통해 전염한다', '꼭 침이 아니라도 광견병에 걸린 개체의 뇌, 척수, 말초 신경 같은 조직을 건강한 개체에 접종하면 역시 광견병이 발병한다'는 정도가 밝혀진 상황이었다. 파스퇴르는 그런 정보를 바탕으로 광견병 백신을 만들기로 결심했다. 20세기 초반이 지나서 항생제를 발명한 것과 달리 백신, 그러니까 예방접종은 18세기부터 사용했다. 천연두에 걸린 사람의 고름을 햇볕에 말린 다음 소량 접종하여 면역을 유도하는 방식은 18세기 이전부터 사용했으나 때때로 천연두가 진짜로 발병하는 위험이 있었다. 에드워드 제너(Edward Jenner, 1749~1823)는 천연두에 걸린 사람의 고름 대신 천연두와 유사한 질환인 우두에 걸린 소의 고름을 사용하여 그런 위험을 최소화했다. 18세기 후반 에드워드 제너의 종두법이 보급되면서 인류는 점차 천연두의 공포에서 벗어났는데 파스퇴르는 광견병에도 같은 방법을 사용하기로 결심했다.

천연두에 걸린 사람의 고름을 햇볕에 말리거나 우두에 걸린 소의 고름을 말린 다음 접종하는 것과 비슷하게 파스퇴르는 광견병에 걸린 토끼의 뇌 혹은 척수를 햇볕에 말려 사람에게 접종하는 계획을 세웠다. 동물 실험은 성공적이었다. 광견병에 걸려 죽은 토끼의 뇌와 척수를 말려 다른 동물에게 접종해도 광견병이 발병하지 않았다. 그러나 사람에게도 안전할 것인지, 정말 광견병에 대한 면역을 유도하여 미친개에 물린 사람을 치료할 수 있을지는 확실하지 않았다. 19세기 후반에는 오늘날 같은 임상 시험이 존재하지 않아 사람에게 직접 사용하여 확인할 수밖에 없었다. 다만 당시 기준으로도 파스퇴르의 광견병 백신은 위험한 모험에 해당했다.

그런데 19세기 후반의 묘한 정치 상황이 파스퇴르를 무모한 도전에 나서도록 했다.

4

1815년 워털루 전투에서 패배하면서 나폴레옹 1세의 통치는 최종적으로 막을 내렸다. 프랑스 대혁명 이전에 통치했던 부르봉 왕가가 복귀하여 루이 18세와 샤를 10세가 다스렸으나 인기를 얻지 못했고 급기야 1830년, 7월 혁명이 일어났다. 7월 혁명으로 왕위에 오른 루이 필리프 1세는 이전의 왕들과 비교하여 너그러운 자유주의자였으나 부유한 부르주아에게 일방적으로 유리한 정책을 펼쳐 노동자 계층의 지지를 상실했다. 그래서 1848년, 2월 혁명이 일어났다. 그런데 혁명의 결과로 샤를 루이 나폴레옹 보나파르트, 흔히 루이 나폴레옹이라 불리는 야심가가 대통령에 올랐다. 나폴레옹 1세의 조카인 그는 몇 년 후 친위 쿠데타를 일으켜 공화국을 폐지하고 황제에 올라 나폴레옹 3세가 된다.

　이런 나폴레옹 3세의 성공은 삼촌인 나폴레옹 1세의 향수에 크게 의존한 것이었다. 그래서 나폴레옹 3세는 '부국강병'을 내세우며 유럽 각국의 크고 작은 문제에 적극 개입했고 전쟁도 마다하지 않았다. 삼촌인 나폴레옹 1세와 비교할 수는 없으나 나폴레옹 3세의 군사적 재능도 나쁘지 않아 프랑스는 20년 가까이 새로운 나폴레옹의 깃발 아래 번영했다.

　그러나 시간이 흐르면서 나폴레옹 3세는 점차 자신을 과대평가했다. 자신을 삼촌인 나폴레옹 1세에 버금가는 군사 지도자라 확신한 그는 1870년 독일 통일을 시도하는 프로이센 왕국과 전쟁을 벌였다. 나폴레옹 3세는 이탈리아 독립 전쟁에 참전하여 오스트리아 제국을 물리친 경험이 있어 같은 독일계 국가인 프로이센 왕국 역시 손쉬운 상대라고 판단했다. 그러나 비스마르크가 외교와 내정을 담당하고 몰트케 장군이 군대를 이끄는 프로이센 왕국은 노쇠한 오스트리아 제국과는 달랐다. 참담한 패배 끝에 나폴레옹 3세는 항복했고 프로이센군이 파리로 진격했다. 프랑스는 독일과 인접한 알자스-로렌 지역을 포기하는 굴욕적인 조건으로 종전 협정을 맺을 수밖에 없었다.

　애국자, 솔직히 말하면 국수주의자에 가까운 파스퇴르에게는 용납할 수 없는 결과였다. 그렇게 쓰라린 가슴을 부여잡고 광견병 연구에 매진하던 파스퇴르에게 1885년 7월 6일 미친개에 물린 아홉 살 소년이 찾아왔다. 소년의 이름은 조제프 마이스터였고 이름

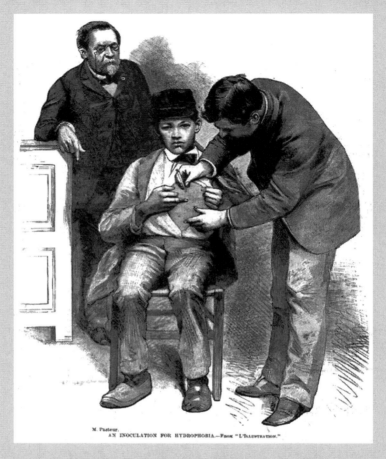

M. Pasteur.
AN INOCULATION FOR HYDROPHOBIA.—From "L'ILLUSTRATION."

파스퇴르로부터 두 번째로 광견병 백신을 맞은 장 바티스트 주필레

파스퇴르는 시험 단계의 백신을 접종하는 모험을 감행했다. 이런 무모한 도전은 그의 지나친 애국심 때문에 가능한 것이었다. 프랑스의 백신으로 독일 소년을 치료하는 멋진 시나리오를 국수주의자 파스퇴르가 놓칠 리 없었다.

에서부터 알아차릴 수 있듯 알자스-로렌 지역 출신이었다.(알자스-로렌 지역은 독일에 인접해서 독일 혈통과 독일어를 사용하는 인구가 적지 않다.) 독일인 의사가 치료법을 찾지 못해 죽음만 기다리는 알자스-로렌 출신의 아홉 살 소년을 프랑스의 뛰어난 의학이 치료하는 것, 애국자 파스퇴르는 그런 멋진 기회를 놓칠 수 없었다. 그래서 파스퇴르는 아직 사람에게 시험한 적이 없고 실제로 효과가 있을지 알 수 없으며 심지어 광견병 발병을 촉진할 수 있다는 경고에도 아랑곳하지 않았다. 함께 연구하던 의사가 망설이자 파스퇴르는 의사 면허가 없음에도 소년에게 광견병 백신을 접종했다.

파스퇴르의 광견병 백신은 성공했다. 후유증 없이 회복한 조제프 마이스터는 1940년 자살로 삶을 마감할 때까지 파스퇴르 연구소의 경비원으로 일했다. 파스퇴르 연구소를 점령하고 파스퇴르의 무덤에 난입하는 독일군 병사를 막지 못한 조제프 마이스터가 1차 세계 대전 당시 지급받은 리볼버로 자살한 것은 영화 같은 이야기다. 물론 조제프 마이스터가 파스퇴르 박사에 대한 죄책감 때문에 자살했는지, 아니면 우울증 같은 다른 문제가 있었는지는 확실하지 않다. 다만 애국자, 아니 국수주의자 파스퇴르는 독일군 병사가 자신의 무덤에 난입하는 것을 대단히 불쾌하게 생각했을 것이다.

조제프 마이스터에게 광견병 백신을 접종하는 무모한 도전은 국수주의자 파스퇴르의 지나친 애국심 때문에 가능했다. 실패했다면 파스퇴르 개인의 패배가 아니라 의학 발전에도 적지 않은 걸림돌이 되었을 가능성이 크다. 그러나 다른 한편으로는 파스퇴르가 애국심에 호소하며 사람을 선동하는 국수주의자였기에 자연발생설이라는 당대 주류의 주장을 효과적으로 반박할 수 있었는지도 모른다. 그는 애국심을 자극하여 대중을 선동하는 것에 능숙했고, 새로운 학설을 반대하는 학계의 고리타분한 주장을 공개적인 논쟁과 언론을 통한 선전으로 손쉽게 굴복시켰기 때문이다. 어쩌면 파스퇴르는 그의 국수주의적 성향 덕분에 정신병동에서 죽음을 맞이한 제멜바이스와 달리 살아서 국민 영웅으로 존경받으며 명성을 떨친 건지도 모른다.

루이 파스퇴르 *Louis Pasteur, 1822~1895*

1822년에 태어난 프랑스의 생화학자로 화학, 생물학, 의학에 걸쳐 활동했다. 화학에서는 이성질체(enantiomer)를 연구한 선구자였고 생물학에서는 미생물이 발효와 감염을 일으키는 것을 규명하여 1861년 『자연 발생설 비판(Memoire sur les corpuscules organises qui existent dans l'atmosphere)』을 출간했다. 그런 발견에 기반하여 개발한 저온 살균법은 프랑스의 축산업과 양조업에 공헌했다.

이후 의학으로 범위를 넓혔고, 1881년 푸이 르포르에서 가축에 탄저병 백신을 접종하는 공개 실험을 감행하여 효과를 증명한다. 이어서 1885년 광견병 백신을 개발했다. 1886년 파스퇴르 연구소 초대 소장에 취임하였고, 1895년에 사망하였다.

공용 펌프를
폐기하라

존 스노
John Snow, 1813~1858

1

플릿가(Fleet Street)는 아주 오래된 거리다. 중세에는 주교와 수도원장 같은 부유한 성직자가 살았다. 재미있게도 그와 동시에 주점, 여관, 매춘 굴도 함께 들어섰다. 잉글랜드에서 가장 성스러운 사람과 가장 상스러운 사람이 같은 거리에서 번성했던 셈이다. 사내는 피식 웃음을 지었다. 부유하고 신분 높은 성직자가 부하를 거느리고 매춘 굴 앞을 지나는 모습이 떠올랐기 때문이다. 당연히 겉으로는 경멸적인 표정 혹은 그 죄인에게 닥칠 '심판의 날'을 떠올리는 듯 슬픈 표정을 지었겠으나 정말 마음은 어땠을까? 가톨릭 성직자는 사도 바오로를 본받아 결혼하지 않고 '하느님의 말씀으로 성욕을 잊어버렸노라'라고 말하나 사내는 그들의 말을 믿을 수 없었다. 물론 그런 고결한 사람도 분명히 있을 것이나 커다란 감자 자루에는 썩은 감자가 있기 마련이다. 그러니 몇몇은 마음 한편에서 솟아나는 욕정을 뿌리치지 못했을 것이다. 어쨌거나 이제 매춘 굴은 많이 사라졌으나 그런 역사가 담긴 플릿가에서 자신의 환송회가 열리는 것이 재미있었다. 물론 환송회가 열리는 '무지개 선술집(Rainbow Tavern)'은 선술집이란 이름과 달리 꽤 고급스러운 곳이라 사내가 성공회 사제로 런던에서 20년 남짓 일하면서 가까이 지낸 사람들을 부르기에 적절했다. 음식은 훌륭했고 와인과 맥주 모두 충분했다. 20년이 넘는 시간을 결산하는 무대라 포트 와인(주정 강화 와인으로 포르투갈의 특산물)도 준비했으나 정작 사내 자신은 맥주를 가장 좋아했다. 신학을 전공하고 런던의 정신없는 빈민가인 소호에 자리 잡은 성 루가 교회에서 성직을 시작할 때부터 사내는 와인보다 맥주를 좋아했다. 그런 취향은 사제의 일에도 큰 도움이 되었다. 그가 성직을 시작한 교구, 그러니까 성 루가 교회가 자리한 소호에는 빈민이 압도적으로 많아 와인을 마셔서는 정작 '돌봐야 할 양 떼'와 친해지기 어려웠기 때문이다.

사내는 20년 전 가난한 교구민과 싸구려 술집에서 맥주를 마시던 추억을 떠올렸다. 그러다 문득 맥주든, 와인이든, 위스키든 입에도 대지 않던 친구를 떠올렸다. 그 친구는 심지어 물도 그냥 마시지 않았다. 더운 여름에도 끓인 물을 마셨다. 홍차를 마시려고 물을 끓이는 것이 아니라, 그냥 마실 물을 끓이는 사람은 적어도 사내 주변에는 그 친구뿐이었다. 존 스노, 그 유별나고 괴팍했던 친구가 오늘 참석했다면 얼마나 좋았을까. 둘이 처음 만났을 때 얼마나 서로 냉랭했는지, 얼마나 많은 논쟁을 주고받았는지 이야기하며 눈물을 흘릴 정도로 웃음을 터트렸을 것이다. 그러나 슬프게도 존 스노는 이제 여기 없다. 그 생각에 사내는 갑자기 슬퍼졌다.

"자, 오늘 우리는 모두 헨리 화이트헤드 신부님의 환송회를 위해 모였습니다. 지난 20년이 넘는 시간 동안 신부님께서 주님과 여왕 폐하의 교회를 위해 얼마나 헌신했는지 시시콜콜 얘기하지 않아도 다들 아시리라 믿습니다. 그래서 길고 지루한 말은 생략하고 신부님의 말씀부터 듣겠습니다!"

선술집을 가득 채운 사람들의 시선이 사내에게 몰렸다. 사내는 옅은 미소를 띤 표정으로 의자에서 일어났다. 그리고 천천히 입을 열었다.

"감사합니다. 주님의 종으로 부름 받아 런던에서 20년 넘는 기간 동안 교회와 국가에 헌신할 수 있어 무한한 영광이었습니다. 또 앞으로 런던을 떠나서도 주님께서 저에게 허락하실 많은 일에 벌써 가슴이 벅찹니다. 대학을 졸업하고 긴장한 채 성 루가 교회에 들어선 것이 어제처럼 느껴지는데 그때의 청년은 이제 어디에서도 찾을 수 없고 마찬가지로 그 무렵 함께했던 소중한 분들 가운데 적지 않은 사람이 이제는 우리 곁에 없습니다. 그 가운데서도 오늘은 존 스노 박사를 떠올리지 않을 수 없습니다. 물론 알다시피 박사는 술은 한 방울도 입에 대지 않고 물도 늘 끓여 마시는 사람이라 이 자리에 왔어도 구석에서 약간 찌푸린 얼굴로 앉아 있었을 것입니다."

여기저기에서 웃음이 터졌다. 사내 역시 환하게 웃은 다음 말을 이었다.

"언젠가 박사가 제게 이렇게 말했습니다. '언젠가는 콜레라를 정복할 것이 틀림없소. 아마도 당신과 나는 그때까지 살지 못할 것이오. 그때가 되면 내 이름도 완전히 잊힐지도 모르오. 그러나 콜레라의 전염을 막는 방법뿐만 아니라 그 정체가 완전히 알려져 그 질병이 몰고 다니는 끔찍한 재앙이 완전히 사라지는 날은 틀림없이 올 것이오.' 비록 그는 1858년 사망했으나 그의 말처럼 오늘날 우리는 콜레라와 장티푸스의 원인을 밝혀내고 전염을 막는 것에 혁명이라 해도 좋을 성과를 목격하고 있습니다."

그러면서 사내는 거의 20년 전인 1854년을 떠올렸다. 바로 그해 콜레라가 런던의 가난한 지역을 덮쳤고, 그렇게 존 스노와의 인연도 시작했기 때문이다.

1851년 부제로 성 루가 교회에 부임한 사내, 헨리 화이트헤드에게 런던의 첫인상은 끔찍했다. 템스강을 따라 빽빽하게 자리한 공장은 전설 속 용처럼 매캐한 연기를 무시무시하게 뿜어냈다. 맑고 바람이 부는 날조차 연기는 완전히 걷히지 않았으며 런던 특유의 습하고 안개가 내려앉은 날에는 두꺼운 장막처럼 도시를 감쌌다. 거대한 템스강도 런던에 다다르면 맑은 물은 사라지고 공장에서 나오는 독약과 도시에서 살아가는 수많은 사람과 가축이 뿜어낸 오물로 거무튀튀하고 뻑뻑한 '지옥의 강'으로 변했다.

거리도 크게 다르지 않았다. 부유한 사람이 사는 곳은 조금 달랐으나 헨리가 부임한 성 루가 교회가 들어선 소호 주변은 계획 없이 무질서하게 뽑아 올린 다층 건물 사이로 좁은 골목이 이어졌다. 작은 상자를 다닥다닥 쌓아 올린 것 같은 그런 건물에는 제대로 된 하수도가 없어 사람들은 배설물을 작은 통에 모았다가 창밖으로 쏟았다. 거기에다 런던 곳곳을 오가는 엄청난 숫자의 마차에는 역시 엄청난 숫자의 말이 필요했고 그 엄청난 숫자의 말은 시도 때도 없이 똥과 오줌을 거리에 갈겼다. 그래서 비가 내리면 사람과 말의 배설물과 빗물이 섞여 역겨운 진창이 만들어졌다. 그게 전부가 아니었다. 골목마다 거지, 매춘부, 부랑자가 넘쳐 났고 어린아이로 구성된 소매치기 군단이 행인의 지갑을 노렸다. 낮에도 주정뱅이와 아편쟁이가 붉게 충혈된 눈을 희번덕거리며 시체처럼 어슬렁댔고 약간 으슥한 골목에서는 도적 떼가 길을 잘못 찾은 불운한 자를 기다렸다. 켄트의 해안 마을에서 자라 한적한 옥스퍼드에서 대학을 다닌 헨리에게 런던은 지상에 구현한 지옥이나 마찬가지였다.

그래도 헨리는 자신이 '돌보아야 할 양 떼', 성 루가 교회의 교구민에게 최선을 다했다. 성 루가 교회가 자리한 소호는 런던의 빈민가에 속해 교구민 중에는 가난하고 불우한 사람이 많았다. 좁은 방 하나에 가족 전체가 살았고 옷과 잡동사니를 넣을 서랍에 아이를 재우는 일도 숱했으며 공장에서 일하는 가장은 하루에 18시간을 일하는 경우도 적지 않았다. 그러고도 항상 굶주렸고 신선한 채소와 고기는 꿈도 꾸지 못했다. 그들의 삶은 너무 고달프고 힘들어서 '살아 있다'라는 표현이 어색하게 느껴졌다. 죽음이 늘 그들의 어깨에 걸터앉아 그들의 삶을 조금씩 좀먹는 것만 같았다. 결핵과 매독 같은 병은 항상 함께했고 계절마다 많은 아이가 죽었다. 전염병이라도 돌면 비교적 건강했던 사람조차 쓰러져 숨을 거두었다.

헨리가 교구에 어느 정도 적응한 1854년 여름, 최악의 전염병이 교구를 덮쳤다. 브로드가(Broad Street)를 중심으로 좁은 지역에서 한 달도 지나기 전에 수백 명의 사망자가 발생했다. 헨리가 담당하던 교인 가운데도 적지 않은 희생자가 있었다. 몇몇 사제는 전염병이 무서워 몸을 사렸으나 헨리는 개의치 않고 희생자의 가족을 찾아 위로했다. 희생자가 너무 많아 그런 위로는 매일 반복하는 일상이 되었으나 20년이 흐른 지금도 헨리는 애니의 죽음만큼은 생생히 기억한다.

"신부님! 신부님!"

헨리가 찾아갔을 때, 이미 애니는 사망한 후였다. 열이 나고 물이나 다름없는 심한 설사가 지속되면 아이들은 불과 이틀, 사흘 만에 죽음을 맞이했다. 애니의 집은 그나마 살림 형편이 나은 편이었으나 일주일 만에 애니를 비롯하여 다섯 아이가 모두 사망했다. 가장 총명하고 사랑스러웠던 애니는 병마와 싸워 끝까지 버티다 형제 가운데 마지막으로 죽음을 맞이했다. 그래서 헨리를 맞이하면서 터트린 부모의 울음이 더 무겁고 쓰라리게 다가왔다. 헨리는 말없이 흐느끼는 부모를 꼭 안아 주었다. 그러나 부모의 고통은 거기서 끝이 아니었다.

"이렇게 환기를 하지 않으니 콜레라가 발생할 수밖에! 콜레라가 발생했으니 환기를 하라고 그렇게 말했건만 왜 지키지 않는 거요!"

슬픔에 잠긴 부모에게 거친 소리를 내뱉은 사람은 행정관과 경찰이었다. 둘은 모두 구레나룻을 기르고 모자와 검은 제복을 입고 있어 처음에는 누가 경찰이고 누가 행정관인지 구분하기 힘들었다. 커다란 자루를 든 쪽은 키가 작고 뚱뚱했으니 행정관, 곤봉을

든 쪽은 키가 크고 마른 체형이라 경찰처럼 보였다.

"아이를 잃은 부모요. 말을 삼가시오!"

행정관과 경찰 모두 헨리의 사제복을 보고 멈칫하며 모자를 벗었다. 그러고는 어쩔 수 없다는 표정으로 말했다.

"신부님, 그게 아니라 전염병은 오염된 공기를 타고 퍼져 나갑니다. 그래서 더 이상 전염병이 퍼지는 것을 막기 위해 환기를 강조했습니다만, 지키는 사람이 없어 저희도 모르게 흥분했나 봅니다."

그러나 애니의 아버지가 행정관과 경찰을 노려보면서 말했다.

"오염된 공기라고? 런던 전체가 오염된 공기요! 신선한 공기가 대체 어디 있습니까? 그런데 환기를 하면 전염병에 걸리지 않는다고요? 환기를 하지 않은 부모의 책임이라고요?"

경찰과 행정관은 궁지에 몰렸다. 난처한 기색이 역력했다. 그도 그럴 것이 행정관이 온 이유는 아이의 시체를 자루에 담아 가는 것이기 때문이다.

"신부님, 전염병에 죽은 아이니 데려가겠습니다."

행정관은 분노한 부모가 아니라 헨리에게 말했다. 아무리 경찰과 동행했어도 아이를 잃은 부모는 무서웠기 때문이다.

"그럼 당신네도 종부성사에 참여하시오."

경찰과 행정관은 고개를 끄덕였다. 헨리는 애니의 부모, 행정관, 경찰과 함께 종부성사에 나섰다. 다른 집과 마찬가지로 애니의 집도 아이들을 서랍에서 재웠다. 그러니까 애니는 죽음을 맞이한 후에야 처음으로 낡은 침대에 누울 수 있었다.

애니의 죽음 후에도 8월 내내 죽음은 이어졌다. 헨리는 수많은 종부성사를 담당했고 슬픔에 빠진 가족을 위로했다. 안타깝게도 며칠 전 위로했던 슬픔에 빠진 가족이 새로운 희생자가 되는 사례도 적지 않았다.

그런데 9월 초 이상한 소문이 들렸다. 어떤 의사가 '오염된 공기가 아니라 오염된 식수가 콜레라의 원인이다'라고 주장한다는 것이다. 그 의사는 브로드가에 식수를 공급하는 펌프를 콜레라의 원인으로 지목했다. 헨리는 정신 나간 소리라고 생각하여 처음엔 별다른 관심을 기울이지 않았다. 그러나 급기야 그 의사가 행정관을 설득해서 펌프를 폐기한다는 소문이 들려오자 도저히 가만히 있을 수 없었다. 그래서 펌프를 폐기한다는 날, 헨리도 현장을 찾았다. 그 의사가 바로 존 스노였고, 그게 헨리와 존 스노의 첫 번째 만남이었다.

런던의 다른 가난한 거주지처럼 소호의 건물 대부분에도 상수도 시설이 없었다. 그래서 우물이나 샘이 딸린 몇몇 건물을 제외하면 대부분은 공용 펌프에 의존했다. 브로드가 주변도 마찬가지여서 주민 대부분은 그곳의 공용 펌프에서 식수를 얻었다. 그런 공용 펌프를 갑작스레 폐기한다고 하니 분위기가 뒤숭숭해질밖에. 펌프를 폐기하는 것을 구경하러 모인 군중에서도 그런 분위기가 느껴졌다. 헨리는 군중 사이를 지나면서 불만 가득한 웅성거림을 들었다.

"저 펌프가 없으면 물을 기르려고 한 시간 넘게 걸어야 해.", "콜레라와 펌프가 무슨 관계가 있다는 거야?", "장관도 아니고 고작 의사가 나불거린다고 펌프를 폐쇄하다니!", "쉿, 말조심해. 고작 의사가 아니야. 여왕 폐하의 출산을 도운 의사라고. 그러다가 런던탑에 갈라.", "런던탑? 우리 같은 놈들은 거기 가고 싶어도 못 가. 거기는 신분 높은 나리님들을 가두고 목을 자르는 곳이야.", "그럼 그냥 감방에 처넣겠지." 헨리가 사제복을 입었음에도 군중은 개의치 않았다. 군중 대부분이 교구민이라 헨리가 어떤 사람인지 알았기 때문이다. 그들의 생각대로 헨리는 그런 소소한 불평과 불만을 고자질하는 밀고자는 아니었다.

헨리는 군중을 헤치고 공용 펌프 바로 앞까지 다가갔다. 펌프에는 며칠 전 애니의 집에서 마주쳤던 경찰과 행정관이 있었다. 그리고 그 옆에 단호한 표정의 중년 남자가 있었다. 탈모가 진행하여 이마가 넓었으나 아직 대머리는 아니었고 약간 통통한 뺨은 구레나룻과 어울렸다. 더운 여름에도 격식에 맞게 입은 옷차림으로 미루어 존 스노 박사일 가능성이 컸다.

"브로드가 공용 펌프의 오염된 물이 최근 콜레라 발병의 원인이라는 존 스노 박사의 의견에 따라 펌프의 사용을 금지한다."

행정관이 군중에게 소리쳤다. 그러자 웅성거림이 커졌다. 그런 가운데 날카로운 목소리가 들렸다.

"어제까지는 오염된 공기가 원인이라면서 우리를 훈계하더니 오늘은 갑자기 오염된 물이 원인이라 얘기하는군요!"

애니의 어머니였다. 아이를 잃고 수척한 얼굴이었으나 강렬한 힘, 분노에 기원한 아주 강한 힘이 느껴졌다. 그 모습에 행정관과 경찰 모두 멈칫했고 여기저기서 "그렇지.", "맞는 말이야." 하는 소리가 들렸다.

"가족을 잃고 슬픔에 빠진 우리에게 이제는 물도 멀리서 길어오라고 하는군요. 가난한 우리의 고통이 당신네에게는 낄낄거리면서 지켜보는 놀이인가요?"

행정관과 경찰 모두 얼굴이 붉어졌고 뻘뻘 땀을 흘리기 시작했다. 행정관은 펌프의 손잡이를 제거하는 도구를 들고 있었으나 군중의 적대감에 압도당해 선뜻 나서지 못했다. 행정관과 경찰이 굳어질수록 군중의 기세는 커져서 상황이 악화했다. 그때 존 스노가 행정관이 들고 있는 도구를 빼앗았다. 그러고는 성큼성큼 공용 펌프에 다가섰다. 그 모습을 지켜본 헨리는 존 스노의 결단력과 대담함에 감탄했다. 분노해서 야유하는 군중에 맞서 용감하게 나섰기 때문이다. 그러나 존 스노가 도구를 사용하지는 못하리라 생각했다. 펌프의 손잡이를 해체하는 작업은 복잡하지는 않으나 '여왕 폐하의 의사'인 존 스노 같은 사람에게는 낯선 작업일 것이기 때문이다. 그런데 놀랍게도 존 스노는 어렵지 않게 도구를 이용하여 펌프의 손잡이를 해체했다. 그러자 군중이 뿜어내던 힘도 급속히 사그라들었다. 존 스노도 도구를 행정관에게 돌려주고 자리를 떠나려 했다. 헨리는 그 틈을 놓치지 않고 존 스노에게 다가갔다.

"안녕하십니까, 박사님. 저는 성 루가 교회의 부제 헨리 화이트헤드입니다. 이렇게 불쑥 말씀드려 대단히 죄송합니다만, 혹시 괜찮다면 잠깐 이야기를 할 수 있을까요?"

존 스노는 말없이 헨리를 바라봤다. 헨리의 아주 작은 표정까지 관찰하려는 것 같았다. 그러더니 고개를 끄덕이며 말했다.

"긴 시간을 낼 수는 없습니다."

존 스노는 '여왕 폐하의 의사'답게 정중하게 대답했다. 그러나 발음이 독특했다. 상류층이 사용하는 말투와 비슷했으나 완벽하지 않았다. 헨리는 고개를 갸웃거리면서 존 스노를 근처 선술집으로 안내했다.

선술집은 한산했다. 늦은 오후라 한창 붐빌 시간은 아니나 평소라면 한쪽에 자리한 술꾼들이 왁자한 분위기를 만들었을 것이다. 하지만 콜레라가 몰고 온 공포는 술에 대한 집착보다 강했다. 헨리는 존 스노를 그나마 깨끗한 자리로 안내했다.

"나는 술을 마시지 않습니다."

자리에 앉자마자 존 스노가 말했다. 그런 존 스노가 약간 무례하게 느껴졌으나 헨리는 정중하게 말했다.

"그럼 물이라도 드시겠습니까?"

그러나 존 스노는 이번에도 냉랭하게 말했다.

"나는 끓인 물이 아니면 마시지 않습니다."

원래 괴팍한 사람인지, 아니면 부제에 불과한 헨리를 업신여기는 것인지 판단하기 어려웠다. 그러자 헨리의 기분을 알아차린 듯 존 스노가 덧붙였다.

"아, 신부님을 경멸하는 것은 아닙니다. 끓이지 않은 물은 전염병을 옮길 수 있어서 마시지 않을 뿐입니다. 또 술은 건강에 나빠서 마시지 않습니다."

존 스노가 처음으로 길게 말했다. 그제야 헨리는 존 스노의 발음이 약간 어색한 이유를 알아차렸다. '여왕 폐하의 의사'인 존 스노는 멋지게 차려입고 상류층의 말투를 사용했으나 희미하게 광부의 거친 말투가 남아 있었다. 그러니까 존 스노는 상류층이 아니라 가난한 광부의 아들임이 틀림없었다. 여왕과 귀족을 치료하는 의사가 되고 공용 펌프를 폐기할 수 있을 만큼 강한 영향력을 가지게 되었으나 미천한 출생을 완전히 떨쳐 버리지 못한 셈이다. 존 스노가 행정관의 도구를 빼앗아 능숙하게 펌프 손잡이를 해체할 수 있었던 것도 광부의 아들이었기 때문이다.

"아, 그렇군요. 여왕 폐하의 출산을 도운 의사시니 현명한 판단이라 생각합니다. 그런데 오늘 제가 이렇게 실례를 무릅쓰고 시간을 청한 것은 호기심을 떨쳐 버릴 수 없었기 때문입니다."

헨리는 존 스노의 표정을 살피며 조심스레 말을 이었다.

"박사님께서는 왜 오염된 물이 콜레라의 원인이라 생각하십니까?"

헨리의 물음에 존 스노의 얼굴에 처음으로 미소가 떠올랐다. 그래, 그 질문이었군. 존 스노는 그런 표정이었다.

"면밀한 관찰에 의한 결과입니다. 신부님께서는 전염병의 원인이 무엇이라 생각합니까?"

헨리는 존 스노의 질문을 예상하지 못했다. 그래서 잠깐 생각한 후 말했다.

"단순하게는 여러 위대한 학자가 말씀하신 것처럼 오염된 공기 때문이라 생각합니다. 그러나 궁극적으로는 주님의 뜻이겠지요. 물론 우리는 그 고난의 의미를 이해하지 못하나 분명히 주님의 깊은 뜻이 있으리라 믿습니다."

헨리의 말에 존 스노는 빙긋 웃었다. 예상에서 벗어나지 않는 대답이군. 딱 그런 표정이었다.

"천만에요. 그 위대한 학자들의 주장은 틀렸습니다. 근거가 없어요. 사건을 제대로 관찰하지 않고 그저 머릿속으로 그려 냈을 뿐입니다. 그러니 틀릴 수밖에 없습니다."

틀렸다고? 옥스퍼드와 케임브리지 같은 대학에서 강의하는 존경받는 대가들의 주장이 틀렸다고? 헨리는 적지 않게 당황했다. 존 스노는 그런 헨리의 반응을 즐기며 대화를 계속했다.

"신부님께서도 나의 말투로 이미 알아차렸겠습니다만 나는 광부의 아들입니다. 그래서 어렸을 때부터 광부가 앓는 고질병에 익숙했습니다. 규폐증이라고 하는 질환이죠. 처음에는 아무렇지 않으나 광산에서 오래 일할수록 점점 숨이 차고, 나중에는 침대에서 일어나 몇 걸음만 걸어도 쌕쌕거리며 숨을 몰아쉬게 됩니다. 요즘에야 그 질환의 원인이 광산의 먼지, 아주 작은 먼지란 것이 밝혀졌습니다만 과거에는 뭐라고 생각했는지 아십니까?"

당연히 헨리는 모르는 얘기라 고개를 저을 수밖에 없었다.

"과거에는 광석을 캐내는 행위가 자연을 파괴하기에 저주를 받았다고 생각했습니다. 교회에서는 주님이 만든 아름다운 세상을 파괴해서 내린 벌이라고도 했죠. 파라켈수스란 위대한 의사가 나타나기 전에는 모두 그렇게 생각했습니다. 그런데 파라켈수스가 어떻게 규폐증의 원인이 저주나 형벌이 아니라 작은 먼지인 것을 밝혀냈는지 아십니까?"

이번에도 헨리는 고개를 저을 수밖에 없었다.

"바로 관찰입니다. 관찰을 통해서 알아냈습니다. 내가 콜레라의 원인이 오염된 물이란 것을 알아낸 것도 같습니다. 바로 관찰을 통해서지요."

관찰이라, 헨리는 처음 듣는 말이었다.

"마침 지금 지도가 있으니 신부님께 보여 드리겠습니다."

그러면서 존 스노는 주머니에서 지도를 꺼내 선술집 탁자에 펼쳤다. 헨리에게도 낯익은 지도였다.

"브로드가의 지도입니다. 희생자가 표시되어 있어요. 성 루가 교회의 부제이니 신부님께서도 익숙하시리라 생각합니다만 공용 펌프 주변에서 희생자가 발생했습니다. 다시 말해 공용 펌프의 물을 식수로 사용하는 사람이 희생자란 뜻입니다."

헨리는 말없이 존 스노가 펼친 지도를 자세히 살펴봤다. 확실히 그랬다. 존 스노의 말대로 공용 펌프 주변에서 대부분의 희생자가 발생했다. 그러다가 이상한 부분을 찾아냈다.

"그럼 여기 감옥에는 왜 희생자가 없습니까? 공용 펌프에서 멀지 않은 곳에 있는 감옥 말입니다."

헨리가 지도에서 감옥을 가리키며 물었다. 그러나 존 스노는 전혀 당황하지 않았다. 오히려 이미 알고 있었다는 듯 대답했다.

"거기는 다른 곳에서 물을 받아 사용합니다. 공용 펌프의 물을 사용하지 않습니다. 그 점은 양조장도 마찬가지입니다. 양조장은 자기네 우물이 있어 공용 펌프의 물을 사용하지 않아 희생자가 없습니다."

헨리는 고개를 끄덕일 수밖에 없었다. 그러나 오염된 물이 콜레라의 원인이란 주장은 선뜻 받아들일 수 없었다. 그래서 천천히 입을 열었다.

"그렇다면 박사님, 혹시 제가 조사해도 괜찮겠습니까? 관찰을 통해 콜레라의 원인을 찾는다고 하셨으니 제가 공용 펌프와 관련 없는 희생자를 찾으면 주장을 철회하시겠습니까?"

헨리의 말에 존 스노는 빙긋 웃으며 고개를 끄덕였다.

1854년 존 스노가 콜레라 환자가 발생한 집을 표시한 지도

브로드가의 공용 펌프를 폐기한 후 콜레라의 기세는 확연히 꺾였다. 그러자 존 스노의 주장에 고개를 끄덕이는 사람이 많아졌다. 그러나 헨리는 여전히 존 스노의 주장을 믿지 않았다. 이전에도 콜레라는 두어 달이 지나면 자연스레 모습을 감추었기 때문이다. 그러니 단순히 콜레라의 기세가 꺾인 것으로는 공용 펌프가 제공한 오염된 물이 콜레라의 원인이란 존 스노의 주장이 맞는다고 판단하기 어려웠다. 그래서 헨리는 그에게 말했던 것처럼 '조사'를 시작했다. 존 스노는 공용 펌프의 오염된 물이 콜레라의 원인이란 근거로 공용 펌프에 가까울수록, 그래서 공용 펌프의 물을 많이 사용할수록 환자가 많아지는 것을 내세웠다. 따라서 공용 펌프와 관련 없는 콜레라 발생을 찾아내는 것이 헨리의 목적이었다. 그러기 위해서는 희생자의 집을 방문하여 희생자의 가족에게 이것저것 물어봐야 했다. 사랑하는 이를 잃은 사람에게 '브로드가 공용 펌프에서 물을 길어 왔느냐?' 같은 질문을 던지는 것은 대단히 무례하고 자칫 멱살잡이 당할 가능성이 큰 일이었으나 헨리에게는 비교적 어렵지 않았다. 성 루가 교회의 부제였기 때문이다. 교구민 가운데 재앙을 겪은 사람을 위로하는 것은 성직자의 당연한 의무였고, 경찰이나 행정관 혹은 존 스노 같은 의사의 질문에는 적대감을 드러내는 사람도 헨리 같은 성직자에게는 순순히 입을 열었다.

그럼에도 쉬운 일은 아니었다. 거의 보름 넘게 희생자의 집을 찾아다닌 끝에 헨리는 '브로드가의 공용 펌프와 관련 없는 사례'를 찾아냈다. 브로드가의 공용 펌프에서 멀리 떨어진 햄스테드에 사는 한 여성과 그 조카가 콜레라로 사망한 사례였다. 존 스노의 주장대로 브로드가 공용 펌프의 오염된 물이 원인이라면 멀리 떨어진 곳에 사는 그들이 콜레라에 걸린 것을 설명할 수 없었다.

헨리의 걸음은 가벼웠다. 자신의 발견을 편지로 존 스노에게 알렸고, 그로부터 '햄스테드의 그 집 앞에서 만나자'는 답장을 받아 의기양양하게 약속 장소로 향하는 길이었기 때문이다. 꽤 떨어져 있는 햄스테드에 가면서도 마차를 이용하는 평소와 달리 걸어가는 것도 승리감을 최대한 만끽하기 위해서였다. 오염된 물이 원인이라니, 당치도 않았다. 물론 사람들의 말처럼 오염된 공기도 전염병의 원인은 아니다. 전염병은 주님의 뜻이다. 우리 인간은 깨닫지 못하는 신의 섭리가 전염병의 원인이며, 그 가혹해 보이는 일도 어느 순간 돌아보면 신의 사랑으로 인한 것이 틀림없다고 헨리는 생각했다.

"박사님, 일찍 오셨군요!"

망인의 집 앞에 다다랐을 때, 이미 한참 전에 도착한 듯한 존 스노를 발견하고 헨리는 조금 놀랐다. 존 스노는 가볍게 웃으며 헨리를 맞이했다.

"늦는 것보다는 일찍 도착하는 편이 나은 법입니다. 물론 특별한 일이 발생하지 않으면 시간에 맞추어 도착했을 테지만, 특별한 일은 문자 그대로 일상적이지 않고 그래서 예상할 수 없는 일이니까요."

존 스노는 혹시라도 특별한 일, 마치 바퀴가 빠진다거나 길거리에서 난투극이 벌어진다거나 갑자기 말이 쓰러진다거나 하는 일이 일어날까 두려워 아주 일찍 집을 나섰고 다행히 그런 특별한 일이 발생하지 않아 아주 일찍 약속 장소에 도착했다는 말이었다. 술을 마시지 않고 끓인 물이 아니면 마시지 않는다고 말했을 때부터 이상한 사람이라 생각했으나 확실히 존 스노는 정상이 아니었다.

"그러니까 이 집의 부인과 그 조카가 브로드가 공용 펌프와 관계없는 희생자란 말씀입니까?"

존 스노는 흔한 안부 인사도 없이 본론으로 직행했다. 존 스노 같은 지위의 인물에게서는 찾아보기 힘든 행동이었으나 '광부의 아들'이니 그럴 만도 하다고 생각했다.

"네, 그렇습니다. 브로드가에서도 멀리 떨어진 곳이고 하인에게도 확인했는데 집에서 사용하는 물은 브로드가 공용 펌프가 아니라 이곳의 공용 펌프에서 가져온다고 합니다."

헨리의 말에 존 스노의 얼굴에는 빙긋 웃음이 떠올랐다. 그러고는 확실히 하려는 듯 물었다.

"하인이라고 했습니까? 제가 알기로는 사망한 부인에게 아들이 있습니다만."

아들? 부인에게 아들이 있다는 것을 존 스노가 어떻게 알았을까? 헨리는 깜짝 놀랐다.

"네, 아들이 있습니다만 멀리 살아서 주로 조카가 돌봤다고 합니다. 제가 방문했을 때는 아들이 없어서 하인과 얘기했습니다."

그 말에 존 스노는 계속 고개를 끄덕이며 문 앞으로 향했다. 그러고는 가볍게 문을 두드렸다.

"안녕하십니까, 저는 존 스노라고 합니다. 여왕 폐하의 출산을 도운 의사입니다."

그러자 문이 열리고 젊은 남자가 나타났다. 헨리가 지난번에 방문했을 때 만나지 못한 부인의 아들인 듯했다.

"여기는 성 루가 교회의 헨리 화이트헤드 신부님입니다. 저희는 콜레라와 관련하여 공적인 조사를 진행 중입니다. 혹시 실례가 아니라면 잠깐 이야기를 나눌 수 있겠습니까?"

남자는 약간 놀란 표정이었으나 고개를 끄덕이며 헨리와 존 스노를 거실로 안내했다. 다른 이들과 달리 이 집의 희생자는 중산층에 해당했다. 그래서 거실에 들어서자 남자가 둘에게 물었다.

"혹시 포트 와인을 드시겠습니까?"

헨리는 웃으며 고개를 끄덕였으나 예상대로 존 스노는 고개를 가로저으며 말했다.

"아, 저는 괜찮습니다. 저는 술을 마시지 않는답니다."

헨리는 다음 상황을 어렵지 않게 예측할 수 있었다.

"그럼 홍차를 드시겠습니까?"

물을 마시겠느냐고 물었다면 존 스노는 다시 '끓인 물만 마십니다'라고 말했을 것이 틀림없었으나 홍차라서 그런지 "감사합니다."라며 고개를 끄덕였다. 지난 방문 때 헨리와 대화했던 하인이 포트 와인이 담긴 유리잔 두 개와 뜨거운 홍차가 담긴 찻잔을 가져올 동안 존 스노는 말없이 거실을 둘러봤다. 헨리와 죽은 부인의 아들이 포트 와인을 한 모금 마실 때까지 존 스노는 아무 말도 없이 계속 거실을 둘러봤다. 그러다가 뜬금없이 물었다.

"혹시 어머님께서 브로드가에서 살았던 적이 있습니까?"

그러자 남자는 어떻게 알았느냐는 표정으로 깜짝 놀라면서 대답했다.

"어떻게 아셨습니까? 제가 태어나기 전에 브로드가에서 사셨다고 들었습니다. 아주 오래 전 일입니다만 어머님께서 늘 말씀하셔서 저도 알고 있습니다. 오래 사시지는 않았는데 거기 물이 맛있다면서 늘 칭찬하셨어요."

물이 맛있다고? 헨리는 깜짝 놀랐다. 하인은 그런 말을 하지 않았기 때문이다. 깜짝 놀란 표정의 헨리와 달리 존 스노는 의기양양한 표정으로 다시 물었다.

"그럼 혹시 최근까지도 거기서 물을 가져와 드셨나요?"

남자는 크게 고개를 끄덕이며 대답했다.

"맞습니다. 브로드가 공용 펌프의 물을 떠 와서 드셨어요. 어머님만 좋아했던 것이 아니라 제 사촌도 그 물 맛을 좋아했습니다. 도무지 이해할 수 없지만 어머니와 사촌 모두 거기서 떠온 물을 마셨어요. 거기 물이 특별히 맛있다면서요."

그 말에 존 스노는 사내에게 다가가 두 손으로 손을 맞잡고서 말했다.

"큰 도움이 되었습니다. 의학의 발전과 인류의 미래에 아주 큰 도움이 되었습니다."

남자는 얼떨떨한 표정이었다. 그 대화를 끝으로 존 스노가 황급히 집을 나서자 더욱 그랬다. 황당한 표정의 사내에게 헨리가 "원래 박사님은 조금 이상한 부분이 있습니다."라고 설명하며 실례를 사과해야 했다.

존 스노는 밖에서 헨리를 기다리고 있었다. 그는 눈을 반짝이며 헨리에게 말했다.

"어떻습니까, 신부님? 모든 사례가 브로드가의 공용 펌프와 연결되지 않습니까? 이래도 콜레라의 원인이 오염된 공기나 주님의 뜻이라 믿습니까?"

헨리는 아무 말도 할 수 없었다. 존 스노는 둘이 만난 후 처음으로 크게 웃음을 터트리며 헨리에게 말했다.

"신부님, 지금이 얼마나 대단한 순간일지 모를 것입니다. 어쩌면 신부님과 제가 이런 발견을 함께 한 것이야말로 진정한 주님의 뜻일지도 모르겠군요."

밤이 늦었으나 환송회는 여전히 흥겨웠다. 연거푸 마신 맥주로 약간 얼큰해진 기분에 헨리는 존 스노를 생각했다. 술을 마시지 않고 달걀을 제외하면 채식만 고집하면서 물도 끓인 물만 마셨으나 존 스노는 마흔다섯을 넘기지 못했다. 이율배반적이나 그런 것 역시 주님의 뜻이리라. 헨리는 다시 맥주 한 잔을 단숨에 마셨다. 존 스노가 오래 살아 지금 이 자리에 함께 있다면 얼마나 좋았을까. 그리고 '오염된 물이 콜레라의 원인'이란 그의 주장에 따라 많은 사람이 생명을 구한 것을 볼 수 있었다면 얼마나 좋았을까. 헨리는 즐거운 환송회에서도 옛 친구에 대한 안타까움을 떨칠 수 없었다.

존 스노   *John Snow, 1813~1858*

1813년 영국 요크에서 태어난 존 스노는 빅토리아 여왕의 주치의였다. 마취과 의사 겸 산부인과 의사로 그는 빅토리아 여왕이 출산할 때 마취제를 사용하여 '수술 중 마취'에 큰 업적을 남겼다.

그러나 더 큰 업적은 1854년과 1857년 런던의 콜레라 대유행 당시 세계 최초로 근대적 의미의 '역학 조사'를 시행하여 오염된 물이 콜레라의 원인이라는 사실을 밝히고 그에 기반하여 전염병을 효과적으로 통제한 것이다. 가난한 광부의 아들로 태어나 45년이란 짧은 삶을 살았음에도 존 스노는 살아 있을 때에도 '여왕 폐하의 의사'로 명성을 날렸고 죽어서도 '역학의 아버지'로 추앙받는다. 사망 이후『클로로포름 및 기타 마취제의 작용과 투여에 관한 연구(On Chloroform and Other Anaesthetics and Their Action and Administration)』가 출간되었다.

....

헨리 화이트헤드   1825년에 태어나 1896년에 사망한 성공회 성직자다. 그는 1854년 '브로드가 공용 펌프 사건'에서 뜻하지 않게 존 스노의 주장을 뒷받침하는 조사를 진행했다. 원래는 오염된 물이 콜레라의 원인이라는 존 스노의 주장을 반박하기 위해 조사를 시행했으나 결국 존 스노의 주장에 동의했다.

마법 탄환을
찾아서

파울 에를리히
Paul Ehrlich, 1854~1915

태양이 떠오르자 건물은 흉측한 모습을 드러냈다. 불길은 사라졌으나 먼지 섞인 연기가 여기저기 피어올랐고 지붕과 벽 일부도 무너졌다. 반쯤 불에 탄 서류가 바람에 날렸고 부서진 실험 도구도 눈에 띄었다. 울리히는 쓴웃음을 지으며 담배를 꺼내 물고는 라이터로 불을 붙였다. 깊이 들이마시자 프랑스산 고급 담배의 쌉쌀한 향이 느껴졌다. 적어도 그 담배의 맛과 향은 1940년과 다르지 않았다. 파리를 점령하고 며칠 후, 울리히는 의기양양하게 고급 담배, 초콜릿, 꼬냑을 파는 상점을 찾았다. 울리히가 입은 독일 육군 장교복에 주인은 얼어붙었다. 젊은 여자 점원은 소스라치게 놀라며 주인의 뒤로 숨었는데 부녀 관계인 듯했다. 울리히는 유창한 불어로 "독일 장교는 무뢰한이 아니다."라고 말하면서 담배와 초콜릿을 샀다. 겁에 질린 주인은 한사코 공짜라고 말했으나 울리히는 "독일 장교는 무뢰한도 아니고 거지도 아니다."라는 말과 함께 마르크로 넉넉하게 계산한 지폐를 올려 두고 상점을 나섰다.

'그때가 좋았지.'

시덥지 않은 감상에 잠긴 것을 깨닫고 울리히는 피식 웃었다. 프랑스산 고급 담배도 이제 마지막 개비다. 연합군은 이미 노르망디에 상륙했고 덕분에 고급 담배, 꼬냑, 초콜릿 같은 호사스러운 물품을 구하기는 어렵게 되었다. 이제는 보급품에 섞인 품질이 조악한 담배를 피울 수밖에 없다. 그러고 보면 1940년에는 이런 상황을 전혀 예상하지 못했다. 연합군 폭격기가 프랑크푸르트 같은 독일의 도시를 폭격하고 병원과 연구소 같은 주요 시설을 파괴하리라고는.

그때는 위대한 루프트바페(독일 공군)가 런던을 쑥대밭으로 만들었다. 동쪽의 소비에트 연방을 제외하면 스웨덴, 스위스, 이탈리아, 스페인, 포르투갈만 독립을 유지했을 뿐, 서유럽과 북유럽의 나머지는 모두 독일의 식민지로 전락했다. 그나마 독립을 유지한 국가 가운데 이탈리아는 독일의 동맹국이었고 스페인과 포르투갈은 겉으로는 중립이나 실질적으로는 동맹국이나 마찬가지였다. 홀로 저항하는 영국도 프랑스에서 싸우던 육군 주력은 중화기 대부분을 덩케르크에 남겨 두고 부랴부랴 바다 건너로 후퇴했으며 해군은 U-보트에 고전했고 공군은 비행기와 조종사를 끌어모아 가까스로 독일 공군에 맞서는 상황이었다.

승리가 눈앞에 다가왔고 히틀러가 약속한 '천년 제국'의 꿈도 더 이상 꿈이 아닐 것만 같았다. 그러나 4년이 지난 지금, 모든 것은 신기루처럼 사라졌다. U-보트는 더 이상 '조용한 사냥꾼'이 아니라 오히려 사냥당하는 입장이다. 무적으로 군림하던 전차 부대 대부분은 소비에트 연방과 동유럽의 들판에서 사라졌다. 하늘을 지배하던 독일 공군도 이제는 독일 하늘을 가득 메운 연합군 전투기에 형식적인 저항을 할 수 있을 뿐이다. 이제는 런던이 아니라 베를린, 함부르크, 프랑크푸르트, 뮌헨, 쾰른 같은 독일의 대도시가 쑥대밭이 되고 있다.

"대령님, 연합군 놈들은 정말 예의란 것이 없군요. 연구소와 병원을 폭격하다니 인간 이하의 행동입니다."

부하의 말에 울리히는 너털웃음을 터트렸다. 예의가 없다고? 연구소와 병원을 폭격했으니 인간 이하라고? 연구소와 병원을 폭격한 것은 확실히 신사다운 행동은 아니다. 그러나 정말 신사라면 전쟁에 나서지 않을 것이다. 아울러 과연 독일에게 예의와 신사다움을 말할 자격이 있을까?

"자네는 여기가 무슨 연구소인지 알고 있나?"

울리히는 분개하는 부하에게 물었다. 부하는 당연하다는 듯 어깨를 으쓱이며 대답했다.

"대령님, 저도 그만큼 무식하지는 않습니다. 실험 치료를 위한 국가 연구소 아닙니까? 그 정도는 저도 알고 있습니다. 여기서 하는 연구가 전선의 부상자에게 큰 도움이 되는 것도 알구요."

실험 치료를 위한 국가 연구소(Institut für experimentelle Therapie)라. 그래, 하인리히 힘러 같은 히틀러의 사냥개가 그렇게 이름을 바꾸도록 만들었지. 실험 치료를 위한 국가 연구소? 웃기고 있네. 울리히는 냉소를 머금은 표정으로 입을 열었다.

"아니, 원래 이름을 아느냐고? 이 연구소는 19세기 말에 세워졌어. 맨 처음에는 혈청 연구소로 불렸지. 물론 그때는 나나 자네나 태어나기 전이야. 우리가 아직 소년일 때는 말야, 이 연구소는 파울 에를리히 연구소로 불렸어. 공식 명칭은 아니었으나 그렇게 불렸다고. 연구소를 처음 만든 박사 나부랭이의 이름이지. 그 영감이 노벨상도 받았거든. 그래서 파울 에를리히 연구소라 불렀어. 1935년까지도 그렇게 불렀다고."

울리히의 말에 부하는 눈을 동그랗게 떴다. 파울 에를리히? 부하의 반응을 보며 울리히는 재미있다는 표정으로 말을 이었다.

"처음 듣나 보군. 자네한테도 아주 중요한 사람이야. 파리에 입성했을 때를 기억하나? 그리고 몇 주 후 자네는 매독에 걸렸지."

울리히의 짓궂은 말에 부하는 얼굴이 붉어졌다.

"그건, 모두 프랑스 놈들 때문입니다!"

부하의 말에 울리히는 담배를 비벼 끄면서 다시 너털웃음을 터트렸다.

"아니, 프랑스 놈들의 문제가 아니라 자네 문제야. 파리에 머무르면서 매일 밤 싸구려 매음굴을 들락거리지 않았나! 20~30년 전이면 자네는 아주 심각한 상황에 처했을지도 몰라."

울리히의 말에 부하는 입을 다물었다. 틀린 말은 아니었기 때문이다.

"그러나 자네는 운이 좋았지. 1910년대에 특효약이 나왔으니까. 덕분에 목숨을 건진 거야. 최소한 매독에 걸려 코가 문드러지거나 미치광이가 되지는 않았으니까. 그 약을 만든 사람이 파울 에를리히지."

부하는 고개를 끄덕였다. 그러다가 갑자기 이상하다는 표정으로 물었다.

"그럼, 그렇게 위대한 사람인데 지금은 왜 그 이름으로 부르지 않습니까?"

그렇지. 좋은 질문이다. 왜 지금은 파울 에를리히 연구소라 부르지 않을까?

"그게 말이지, 파울 에를리히는 더러운 유대 놈이야. 바퀴벌레 같은 유대 놈. 총통 각하가 박멸하려는 종자지."

부하의 얼굴이 굳어졌다. 유대인이라니! 유대인이라고!

"대령님, 방금 말씀은 자칫하면."

울리히는 다시 너털웃음을 터트리면서 부하의 말을 막았다.

"자칫하면 뭐? 나도 수용소행이라고? 그런데 틀린 말은 아니지 않나. 그리고 설마 자네가 나를 헌병이나 게슈타포에 밀고하지는 않을 테니 그럴 일은 없을 거야. 요즘 총통 각하는 다른 일로도 바쁘거든. 동쪽에서는 공산당 녀석들이 몰려오고 서쪽과 남쪽에서는 영국 놈과 양키 놈이 달려오고 있거든. 그것만으로도 바빠서 나 같은 구닥다리 귀족 장교 하나쯤 투덜거리는 것에 기울일 관심이 없어."

울리히는 말을 끝내고 숨을 크게 들이쉰 다음 길에 세워 둔 차량으로 걸음을 옮겼다. 운전병인 부하도 종종걸음으로 울리히를 따랐다.

16세기 초반 파라켈수스가 철학 이론에 따른 사고가 아니라 관찰에 근거한 의학을 주장한 이래 제멜바이스, 존 스노, 파스퇴르 같은 선구자의 업적에 힘입어 19세기 후반에는 세균과 바이러스 같은 미생물이 감염을 일으킨다는 주장을 대부분 사실로 받아들였다. 그러나 아직도 어슴푸레한 주장일 뿐, 모든 내용을 깔끔하게 명확하게 정리한 시도는 없었다.

그런 가운데 로베르트 코흐(Robert Koch, 1843~1910)가 나섰다. 로베르트 코흐는 외모부터 파라켈수스, 제멜바이스, 존 스노, 파스퇴르와 달랐다. 작은 체구에 늘 안경을 착용했던 그는 타고난 싸움꾼, 시대와 불화한 고독한 선구자, 자수성가한 괴짜, 정치 감각이 뛰어난 승부사 이미지와는 거리가 있었다. 로베르트 코흐는 '주도면밀하고 성실한 편집자'에 어울렸다. 그에게는 단순히 알려진 내용을 정리하는 것이 아니라 중구난방의 소재를 모아 하나의 멋진 이야기를 만드는 능력이 있었다.

코흐는 '세균이 감염을 일으킨다'는 내용을 명확히 정리하기 위해 단순한 실험을 시작했다. 불에 달구어 소독한 나뭇조각을 탄저병에 걸린 소와 양의 피에 담근 다음, 그것으로 건강한 생쥐를 찔렀다. 얼마 지나지 않아 생쥐는 죽었고, 해부 결과 생쥐의 내부 장기는 탄저병에 걸려 죽은 소나 양의 장기와 비슷했다. 그뿐만 아니라 탄저병에 걸린 소와 양의 피와 탄저병에 걸려 죽은 생쥐의 피를 현미경으로 관찰하면 같은 모양의 세균이 보였다. 코흐는 여기서 한 걸음 나아가 세균을 키우는 실험을 시작했다. 건강한 소의 눈알에서 액체를 추출하여 현미경으로 살펴 아무런 세균이 없다는 것을 확인한 다음 탄저병에 걸린 생쥐의 비장을 조그맣게 떼어 내어 그 액체에 심었다. 일정 시간이 흐른 후 액체를 현미경으로 살펴보자 역시 탄저병을 일으키는 것과 같은 모양의 세균이 보였다. 그 액체를 건강한 동물에 접종하자 탄저병이 발병했으며 그런 동물의 혈액에서도 같은 모양의 세균을 관찰할 수 있었다. 코흐는 시간과 노력을 기울여 자신의 실험을 체계화하고 발전시켰다. 소의 눈알에서 추출한 액체는 감자에서 추출한 배지로 발전했고 불에 달군 나뭇조각은 긴 철사가 되었다. 또한 다른 미생물의 침입을 막는 페트리 접시도 만들어졌다.

충분한 자료를 모으고 정리가 끝나자 코흐는 자신의 주장을 발표했다. '코흐의 법칙'으로 불리는 주장은 다음과 같다.

첫째, 질병에 걸린 모든 숙주에는 해당 병원균이 존재한다.

둘째, 질병에 걸린 숙주에서 병원균을 분리하여 배지에서 배양할 수 있다.

셋째, 배양한 병원균을 실험동물에 접종하면 동일한 질병이 발생한다.

넷째, 실험동물과 숙주, 배지에서 발견한 병원균은 동일하다.

이런 네 가지 법칙을 충족해야 특정한 감염병으로 분류할 수 있다는 코흐의 주장은 미생물이 감염병의 원인이란 것을 명확히 밝혔고, 다양한 질병을 분류하는 것에 크게 공헌했다. 콜레라, 장티푸스, 결핵, 매독, 말라리아, 수면병, 다양한 상처 감염 같은 질병을 이제 원인에 따라 제대로 분류할 수 있게 되었다. 또 그런 분류에 따라 전염병을 어느 정도 통제하는 것도 가능했다. 콜레라와 장티푸스 같은 전염병은 상수도와 하수도를 관리하고 음식을 끓여 먹는 것으로 어느 정도 예방할 수 있었다. 결핵과 광견병에는 적절한 백신을 발견했다. 말라리아와 수면병은 모기와 체체파리에 물리지 않는 것으로 예방할 수 있었다. 상처 감염은 상처 부위를 최대한 빨리 씻어 내고 수술실을 청결히 유지하는 것으로 최소화할 수 있었다.

그러나 일단 감염이 발생하면 뾰족한 수가 없었다. 환자의 몸이 스스로 감염을 이겨 내는 것 외에는 방법이 없었다. 아스피린 같은 해열제와 아편 같은 진통제를 투여하는 것이 의학적으로 의사가 할 수 있는 전부였다. 그래도 그런 상황에서도 몇몇은 포기하지 않고 치료법을 찾으려 했다. 중세 시대 연금술사가 납을 황금으로 바꾸는 방법과 영생을 얻는 방법을 찾아내려 노력했듯, 많은 의학자가 질병을 일으키는 세균을 선택적으로 공격하는 '마법의 탄환'을 찾으려 혼신의 힘을 쏟았다.

파울 에를리히도 그런 사람 가운데 하나였다.

파울 에를리히는 1854년 태어났다. 성공한 사업가 집안에서 태어났으나 유복한 환경에도 그가 선택할 수 있는 직업은 많지 않았다. '철혈 재상' 비스마르크와 몰트케 장군이 이끄는 독일이 통일 국가를 건설하고 보불 전쟁(1870~1871년 나폴레옹 3세의 프랑스와 통일 독일이 싸운 전쟁으로, 독일이 승리하여 알자스-로렌 지역을 획득하였다.) 에서 승리한 시대적 배경을 감안하면 그 또래 독일 소년은 군인의 꿈을 품을 가능성이 컸다. 그러나 파울 에를리히에게 직업 군인이나 관료, 정치가는 '금지된 직업'에 가까웠다. 파울 에를리히가 유대인이었기 때문이다. 유럽 국가 가운데 독일은 전통적으로 다른 국가와 비교하여 유대인 박해가 적었고 신성 로마 제국 황제와 보헤미아 왕 같은 '독일 군주'가 '유대인의 보호자'를 자처하는 사례도 종종 있었으나, 그래도 유대인이 군인이나 관료가 되는 사례는 극히 적었다. 그래서 가업을 이어 사업가가 되거나 차별이 덜한 과학 분야에 일하는 것이 파울 에를리히가 현실적으로 선택할 수 있는 전부였다.

후자를 선택한 파울 에를리히는 의과대학에 입학했다. 그러나 임상 의사의 삶에는 큰 매력을 느끼지 못했다. 이 책의 앞선 이야기에서 이미 말했듯 19세기 후반부터 1차 세계 대전 이전까지는 마약성 진통제, 아스피린, 장뇌, 키니네, 몇 종류의 예방접종 정도가 임상 의사가 사용해서 실제 효과를 기대할 수 있는 치료의 전부였다. 파울 에를리히는 문제 해결사 혹은 치료자보다는 '환자를 위로하는 사람'에 가까운 당시의 임상 의사에 매력을 느낄 수 없었다. 그래서 의학자의 일에 집중했다.

의대생 시절 파울 에를리히는 우수한 인재이긴 했지만 눈부신 재능을 지닌 천재는 아니었다. 다만 조직의 염색에 아주 뛰어났다. '염색'이라 하니 다소 뜬금없이 들릴 수도 있으나 현미경으로 세포를 관찰하려면 염색이 아주 중요하다. 몇몇 세균과 세포는 아무조치 없이도 현미경으로 비교적 쉽게 관찰할 수 있지만, 대부분은 그런 식으로는 어렴풋한 윤곽만 알 수 있거나 아예 관찰할 수 없다. 그래서 화학 약품으로 세균과 인체의 세포를 염색한 다음 현미경으로 관찰하는 것은 오늘날에도 널리 사용하는 방법이다. 파울 에를리히는 세균과 세포를 염색하는 정교한 작업에 능숙했을 뿐만 아니라 염색에 사용하는 화학 약품을 개발하고 개선하여 이전에는 염색하지 못해 관찰할 수 없던 많은 세균과 세포를 현미경으로 확인하는 길을 열었다. 그러면서 세균과 세포마다 효과적으로 염색할 수 있는 화학 약품이 다른 것을 깨달았다.

물론 이를 파울 에를리히가 최초로 발견한 것은 아니었다. 당시에 이미 비교적 널리 알려진 사실이었는데 파울 에를리히는 한 걸음 더 나아갔다. 특정 세균만 염색하는 화학 약품을 이용하여 감염병을 퇴치하는 방법을 찾기 시작한 것이다. 그러니까 인체의 세포에는 해롭지 않으면서 감염을 일으킨 세균만 선택적으로 파괴하는 물질, 이른바 '마법의 탄환'을 연구하기 시작했다.

제멜바이스를 다룬 이야기에서 19세기 중반까지도 상처 감염에 대한 개념이 희박했다는 사실을 살펴보았다. 그래서 오스트리아-헝가리 제국의 수도인 빈의 대형 병원에서도 산부인과 의사가 다른 환자를 진료하면서 묻은 체액과 시체를 부검할 때 묻은 피가 선명한 옷을 갈아입지 않고 그대로 분만실에 들어와 출산을 담당했다. 그런 상황은 빈과 산부인과에만 국한된 것이 아니었다. 서구 사회, 실질적으로는 세계의 모든 외과 수술이 같은 방식으로 이루어졌다. 수술을 집도하는 의사와 조수가 손을 씻는 경우는 드물었고 수술대와 수술 도구, 거즈와 붕대 같은 소모품을 미리 소독하는 사례는 아예 없었다. 덧붙여 오늘 같은 효과적인 마취제도 없었다. 기껏해야 독한 술로 잔뜩 취하게 만들거나 아편 같은 마약을 투여하는 것이 전부였다. 그래서 외과 수술은 누구도 목격하고 싶지 않은 '지옥의 풍경'에 해당했다.

환자의 팔과 다리를 튼튼한 가죽끈으로 수술대에 묶는다. 그러고도 건장한 체격의 조수, 한 명일 때는 드물고 때로는 서너 명의 조수가 환자를 단단히 붙잡는다. 그럼 다른 환자의 피가 잔뜩 묻은 수술복을 입은 의사가 비장한 표정으로 들어온다. 그러고는 무시무시하게 생긴 수술 도구를 집어 든다. 물론 수술 도구도 제대로 씻지 않아 자세히 보면 말라붙은 핏자국을 찾을 수 있다. 의사가 크게 심호흡을 하면 조수들은 한층 긴장해서 환자를 움켜쥔 손에 잔뜩 힘을 준다. 잠시 후 정신없는 폭주가 벌어진다. 의사는 수술 도구를 미친 듯이 휘두른다. 섬세함? 주도면밀함? 세밀함? 신중함? 그따위는 안중에 없다. 오직 속도만 중요하다. 환자가 고통을 참고 조수가 환자를 붙잡을 수 있는 시간이 제한적이기 때문이다. 어떡하든 그 시간 내에 수술을 마쳐야 하므로 의사는 미치광이 검객처럼 움직일 수밖에 없다.

그런 시대였기 때문에 수술 결과, 그러니까 예후는 매우 나빴다. 수술 자체가 정교하게 병변을 도려내는 것이 아니라 난도질에 가까워 손상을 견디지 못하고 사망하는 환자가 적지 않았다. 용케 수술이 주는 손상을 이겨 내면 상처 감염이 찾아왔다. 수술 부위에 감염이 발생하면 기도하는 것 외에는 뾰족한 방법이 없었다. 열이 나기 시작하면 감염이 수술 부위에 국한되지 않고 몸 전체로 퍼지는 패혈증을 의미했고, 이는 사실상 사망 선고였다. 그런 환자는 며칠 내로 의식을 잃고 혈압이 떨어지면서 사망했다. 그래서 수술해도 사망하고 수술하지 않아도 사망한다는 인식이 널리 퍼졌다.

다행히 19세기 중반을 넘어가면서 제멜바이스, 존 스노, 파스퇴르 같은 사람의 노력으로 세균이 감염을 일으킨다는 주장이 점점 힘을 얻었다. 그래서 영국의 외과 의사였던 조지프 리스터 (Joseph Lister, 1827~1912)는 수술 후 상처 감염을 줄이기 위해 무균 수술을 고안했다. 거창한 이름과 달리 리스터의 방법은 간단하다. 수술대, 수술 도구, 수술에 사용하는 소모품, 수술 부위, 의료진의 손과 의복을 모두 석탄산으로 씻는 것이다. 석탄산, 그러니까 페놀(phenol)은 석탄과 석유의 부산물로 산업혁명이 한창이던 19세기 영국에서 쉽게 구할 수 있는 물질이었다. 원래는 인간과 동물의 분변이 풍기는 악취를 제거하는 용도였는데, 리스터는 석탄산 같은 물질에서는 세균도 살아남지 못할 것이라 추측하고 소독약으로 사용했다.(사실 석탄산은 단순히 세균만 살아남지 못하는 물질이 아니라 심각한 독성 물질이다.) 그 주장을 실행에 옮기자 수술 후 상처 감염은 놀랄 만큼 감소했다. 이런 무균 수술과 함께 효과적인 마취제를 발명하면서 19세기 후반 외과 수술은 '미치광이 검객의 활극'에서 벗어나 '피아니스트 같은 섬세하고 세련된 손놀림의 향연'으로 변모했다.

퀘이커 교도의 아들로 태어났으나 스코틀랜드 성공회로 개종한 리스터는 매우 종교적인 사람이라 그 모두를 신의 뜻이라 여겼다. 특히 1870~1871년 벌어진 보불 전쟁에서 리스터의 무균 수술을 따른 독일군 의무대가 큰 성과를 거두자 리스터의 명성은 절정에 달했다. 급기야 리스터는 남작 작위를 받고 '로드(Lord)' 경칭을 사용할 수 있는 세습 귀족에 올랐다.

리스터의 성공에 영감을 얻은 많은 의사와 의학자가 석탄산을 감염병의 치료제로 사용하는 실험을 시작했다. 상처 감염이 시작한 부위를 석탄산으로 씻거나 고름이 생긴 종기에 석탄산을 투여하기도 했고 심지어 패혈증에 빠진 환자에게 석탄산을 주사하기도 했다. 당연히 그 모든 실험은 재앙으로 끝났다. 석탄산은 세균을 확실히 죽이는 강력한 소독제였으나 세균만 선택적으로 죽이는 것이 아니라 인체의 정상 세포까지 손상시켰다. 앞서 말한 것처럼 오늘날 페놀이라 부르는 석탄산은 강력한 독성 물질이니 당연한 결과였다.

그런 결과에 많은 사람이 실망하고 좌절했으나 파울 에를리히를 비롯하여 적지 않은 사람이 세균만을 선택적으로 죽이는 '마법의 탄환'을 찾을 수 있으리란 희망을 버리지 않고 연구를 계속했다.

앞서 언급했듯 파울 에를리히는 세균과 세포를 염색하는 화학 물질에서 실마리를 찾으려 했다. 세균과 세포마다 가장 효율적인 염색약이 다른 것에 착안하여 인체의 세포는 염색하지 않으면서 세균만 염색하는 화학 물질을 찾아 거기에 독성 물질을 결합하면 '마법의 탄환'으로 사용할 수 있으리라 생각했다.

파울 에를리히는 이런 가설을 증명하기 위한 실험 대상으로 매독을 선정했다. 토끼와 같은 온순한 실험동물(같은 이유로 파스퇴르도 광견병 백신을 만들 때 토끼를 사용했다.)을 쉽게 감염시킬 수 있으면서 연구진에게는 감염 위험이 적은 질병, 그러면서도 치료제가 절실할 만큼 심각하며 흔한 질병이라는 조건에 알맞았기 때문이다. 성병에 해당하는 매독은 비교적 밀접한 접촉이 있어야 전염되므로 연구진에게 안전했고, 유럽에 널리 퍼진 질병이며 당장 사망하지는 않으나 신경매독(neurosyphilis)으로 발전하면 다양하고 고통스러운 증상 끝에 사망하고 수직 감염(산모의 질병이 태아에게 전염되는 것)도 빈번해서 당대의 심각한 사회 문제였다. 그러니 파울 에를리히의 선택은 아주 적절했다.

파울 에를리히는 매독을 치료하기 위한 '마법의 탄환'으로 비소(arsenic)를 선택했다. 물론 독약에 해당하는 비소를 무턱대고 투여하지는 않았다. 비소를 다양한 화학 물질과 결합하여 매독균에만 선택적으로 독성을 가지도록 만드는 것이 파울 에를리히와 연구팀의 목적이었다. 그런 과정은 글로는 대단하지 않게 느껴지지만 실제로는 끝없이 반복해야 하는 길고 지루한 일이었다. 1번 물질과 비소를 결합해 매독에 걸린 토끼에 투여한다. 그런 다음 매독 증상이 호전하는지, 또 비소의 독성이 나타나지 않는지 관찰한다. 토끼를 대상으로 한 실험에서 긍정적인 결과가 나오면 신경매독이 거의 마지막까지 진행된 생존 가능성이 희박한 환자에게 투여하여 역시 효과와 독성을 관찰한다. 만약 1번 물질이 성과가 없으면 2번 물질로 같은 과정을 반복한다. 운 좋게 10번 혹은 20번 물질에서 치료제를 찾았다면 생각보다는 쉬웠을지 모르나 파울 에를리히와 연구팀은 수백 번의 실험을 거친 후에야 치료 가능성이 있는 물질을 찾아냈다. 실험 물질 606번, 후에 살바르

매독 치료를 위한 살바르산 키트

산(Salvarsan)이라 명명된 그 물질은 그런 길고 지루한 과정 끝에 나타났다. 비소를 사용했으나 토끼와 인간 모두에서 심각한 독성은 나타나지 않은 반면에 매독에 대한 치료 효과는 아주 좋았다. 신경매독까지 이른 말기 환자에는 효과가 크지 않았으나 초기와 중기 환자에 투여하면 완치가 가능했다.

그러나 실험과 실제는 달랐다. 살바르산을 대량 생산하고 병원에서 본격적으로 사용하자 파울 에를리히를 당황하게 하는 문제가 발생했다.

감자는 구대륙(유럽, 아시아, 아프리카)에 있던 작물이 아니다. 신대륙인 아메리카에서 건너온 작물이다. 스페인이 아메리카 대륙을 정복하던 무렵 아메리카 원주민이 감자를 맛있게 먹는 것을 본 유럽인이 나름 '값진 선물'을 주고 씨앗을 구한 다음 고향에 돌아와 뿌렸다. 곧 싹이 텄고 정성스레 돌보자 무럭무럭 자랐다. 이윽고 꽃이 피고 열매를 맺자 유럽인은 잔뜩 기대하는 마음으로 열매를 따서 요리했다. 그 맛은 충격적이었다. 도저히 먹을 수 없는 맛이었다. 유럽인은 어리숙한 원주민에게 속았다고 생각해서 화가 머리끝까지 올랐다.

사실 아메리카 원주민은 유럽인을 속이지 않았다. 다만 감자는 뿌리에 해당하는 덩이를 먹어야 하는데 유럽인이 다른 작물처럼 열매를 먹었을 뿐이다. 살바르산을 처음 병원에서 사용할 때도 비슷한 문제가 발생했다. 토끼와 인간을 대상으로 한 임상 시험에서 살바르산은 매독에 효과적일 뿐만 아니라 인간에 안전한 약물로 밝혀졌다.

그러나 어디까지나 정확한 방법으로 투여할 때만 그랬다. 살바르산은 분말 형태여서 증류수에 녹인 다음 주사로 투여했다. 그런데 살바르산은 불안정한 물질이라 공기에 노출할 경우 쉽게 변질했다. 그래서 분말을 증류수에 녹이고 주사로 투여하는 과정에서 공기에 노출하는 것을 최소화하는 것이 아주 중요했다. 그런데 일선

의료진이 아직 살바르산의 복잡한 투여 방법에 익숙하지 않은 탓에 사소한 피부 발진부터 간 손상, 사지 손상, 심지어 사망에 이르는 부작용이 나타났다. 그로 인해 '독약을 투여한다'는 소문과 함께 비난이 빗발쳤다. 파울 에를리히는 실험실과 일선 현장이 다르다는 것을 깨닫고 신속히 문제 해결에 나섰다. 의료진을 교육했고, 보다 쉽게 투여할 수 있는 네오살바르산(Neosalvarsan)을 만들었다.

하지만 비난은 쉽게 가라앉지 않았다. 파울 에를리히의 연구소가 자리한 프랑크푸르트에서는 매춘부 수백 명이 '본인의 의사와 관계없이 강제로 살바르산을 투여했고 그 후부터 일을 할 수 없게 되었다'면서 항의했다. 엄밀히 말해서는 매춘부의 자발적 항의보다 언론이 사주한 공작에 가까웠다. 언론뿐만 아니라 의사 가운데 상당수도 살바르산의 기적 같은 효과를 목격하고도 매우 위험한 독약이라며 파울 에를리히를 비난했다.

파스퇴르가 인간을 대상으로 한 임상 시험도 거치지 않은 광견병 백신을 소년에게 투여했음에도 영웅으로 추앙받은 것과 달리 파울 에를리히가 비난받은 이유는 무엇일까? 프랑스와 독일의 차이일까? 그렇지 않다. 파울 에를리히가 프랑스에서 태어나 같은 일을 했어도 비난받을 가능성이 컸다. 왜냐하면 파스퇴르는 프랑스인이었으나 파울 에를리히는 유대인이었기 때문이다. 기독교가 유럽의 종교가 된 이래 유대인은 예수를 십자가에 못 박아 살해한 민족으로 지목되어 차별받았다. 기근, 전염병, 지진, 홍수처럼 인간의 힘으로 통제하기 어려운 재난이 닥치면 그때마다 대중의 불만을 해소하기 위해 '사악한 유대인의 마법이 원인이다'라는 논리가 등장할 정도였다. 그런 반유대주의는 오늘날까지도 유럽 전체에서 힘을 발휘하고 있다.

다행히 반유대주의에 바탕을 둔 파울 에를리히에 대한 비난은 1차 세계 대전이 발발하면서 급격히 사라졌다. 하지만 안타깝게도 그는 골초에 가까운 흡연 습관과 건강을 제대로 돌보지 않고 오랫동안 연구에 매진한 결과 1915년 사망한다. 이후 그가 일하던 연구소는 '파울 에를리히 연구소'라 불렸다. 그러나 1933년 히틀러가 권력을 잡으면서 파울 에를리히의 모든 것이 사라졌다. 연구소의 명칭뿐만 아니라 아주 작은 기록에서도 유대인인 파울 에를리히의 이름을 지웠다. 연구소가 파울 에를리히의 이름을 다시 찾은 것은 2차 세계 대전이 끝난 1940년대 후반이다. 이율배반적이게도 그 무렵에는 더 이상 매독 치료에 살바르산을 사용하지 않았다.

사실 살바르산은 '마법의 탄환'이긴 했으나 매독에만 효과가 있었다. 다른 감염병에도 효과가 있는 약물, 이른바 광범위 항생제를 찾기 위해서는 더 많은 연구가 필요했고 새로운 영웅을 기다려야 했다.

파울 에를리히 *Paul Ehrlich, 1854~1915*

1854년에 태어나 1915년에 사망한 독일의 유대계 의학자다. 브로츠와프, 스트라스부르, 프라이부르크, 라이프치히 대학에서 의학을 공부했다. 1890년 베를린 대학에서 강의했고, 1896년 베를린 슈테그리츠에 신설된 혈청 연구소 소장, 1899년 프랑크푸르트 암마인의 국립 실험치료 연구소장을 역임했다.

화학 물질로 질병을 치료하는 화학 요법(chemotherapy)을 최초로 제시하였고, '마법 탄환(magic bullet)'이라는 개념을 처음으로 사용하였다. 살바르산(Salvarsan)을 합성하여 (매독에만 제한적으로 사용할 수 있는 단점에도 불구하고) 훗날 게르하르트 도마크가 항생제를 개발하는 디딤돌을 마련했다. 또 혈액학과 면역학에 걸쳐 큰 업적을 남겼고, 항암 화학 요법의 기본 개념을 제공하는 연구를 남겼다. 항독소 생성에 관한 면역 이론인 측쇄설(side chain theory)을 수립하였고, 그 공로로 1908년 노벨 의학상을 받았다.

장티푸스를 퇴치한
꼰대

암 로 스 라 이 트
Almroth Wright, 1861~1947

1

국가를 지키고 국민을 보호하는 것이 군인의 임무다. 그러나 그 임무를 완수하려면 말초적으로는 누군가를 죽여야 한다. 그런데 순순히 목숨을 포기하는 인간은 극히 드물고 군인과 맞서는 상대도 대부분 군인이다. 그러니 군인은 상대를 죽이거나 아니면 자신이 죽는 직업이다. 하지만 대영 제국이 참전한 대부분의 전쟁에서 '부상으로 인한 사망'이 전사의 첫 번째 이유가 아니었다. 많은 병사가 질병으로 사망했기 때문이다. 병사열(camp fever)이라 불리는 발진 티푸스, 말라리아와 황열병 같은 풍토병, 그리고 콜레라, 이질, 장티푸스로 대표되는 수인성 전염병(오염된 식수와 음식을 통해 퍼지는 질병)이 총알과 포탄보다 더 많은 병사를 지옥으로 데려갔다.

그런데도 장군들, 빳빳한 군복에 훈장을 주렁주렁 달고 경례 받기나 좋아하는 고리타분하고 멍청한 녀석들은 그저 돌격 명령 내리는 것에나 관심 있을 뿐이다. 식량 보급과 병영 환경을 개선하여 전염병 발생을 줄이는 것에는 조금도 관심 없다. 사망한 병사의 절반 이상이 전장에서 총 한 번 쏴 보지 못하고 질병으로 쓰러졌는데도 말이다.

그가 장티푸스 백신을 개발했을 때도 그랬다. 장티푸스, 이질, 콜레라 같은 수인성 전염병이 병영을 덮치는 것은 언제냐가 문제일 뿐, 틀림없이 발생하는 재앙이라 남아프리카의 불쌍한 보어인을 몰아내고자 동원한 군대에 장티푸스 백신을 접종해야 한다고 주장했을 때도 그 장군들은 심드렁했다. '안전하지 않은 백신이 아니오?', '폐하의 병사들을 실험동물로 삼자는 말씀이오?' 언제부터 병사에게 관심 있었다고 장군들은 그런 이유로 장티푸스 백신을 거부했다. 그래서 어땠나? 장티푸스로 인한 사망자만 1만 5000명을 훌쩍 넘었다. 병에 걸렸다가 가까스로 회복한 숫자는 더 많았다. 보어인의 기관총과 무연 화약에 고전한 것과 별개로 장티푸스도 영국군을 휘청이게 하는 주먹을 날렸다.

다행히 인도에서 반란이 발생했을 때는 장티푸스 백신을 접종했다. 덕분에 질병으로 인한 사망자가 확실히 줄었고, 장군들은 꿀 먹은 벙어리가 되었다. 그는 틈이 날 때마다 '멍청한 장군들이 보어 전쟁 당시 장티푸스 백신을 거부해서 많은 병사가 끔찍한 질병으로 사망했소. 이것은 과학과 의학을 무시하는 장군들이 얼마나 한심하고 무책임한 것인지 보여 주는 사례요.'라고 말했다. 그 결과 그는 기사 작위를 받았으나 영국군과 관련한 일에서 물러났다. 그도 장군들에게 질렸고 장군들도 그에게 질렸기 때문이다. 심지어 장군들은 암로스 라이트(Almroth Wright)인 그의 이름을 올모스트 라이트(Almost Right)라 부르면서 조롱했다. '거의 늘 정답인 분(Sir Almost Right)'이라니! 멍청한 군인 놈들!

생각이 거기까지 이르자 화가 치밀어 실험 기구가 가득한 책상을 주먹으로 내리칠 뻔했다. 그런데 재미있게도 콧수염을 멋있게 기른 50대 초반의 사내인 그는 군복을 입고 있었다. 구겨지고 지저분했으며 단추도 제대로 채워지지 않았으나 대령 계급장이 번

쩍였다. 장티푸스 백신 사건 이후 영국군을 떠난 그가 어떻게 다시 군복을 입었을까?

쉰을 훌쩍 넘은 '올모스트 라이트'가 다시 군복을 입은 이유는 애국심 때문이다. 냉소적이고 고집 세고 괴팍했으나 그는 신은 믿지 않아도 대영 제국에는 충성하는 독특한 부류였다. 그래서 1914년 1차 세계 대전이 발발하자 국가의 부름을 뿌리치지 못했다. 장군들은 그를 여전히 싫어했으나 그래도 병사들의 건강을 지키기 위해서는 그를 선택할 수밖에 없었다.

그렇게 대령 계급으로 군대에 돌아온 '장티푸스 백신의 대가'는 훨씬 어려운 임무를 받았다. 장티푸스와 발진 티푸스 같은 전염병이 아니라 '상처 감염'을 해결해야 했기 때문이다. 서로를 죽이려고 총을 쏘고 포탄을 날리는 것이 전투다. 또 총과 대포에 맞아도 꼭 사망하는 것은 아니어서 많은 부상자가 발생한다. 그러니 상처 감염은 아주 골치 아픈 문제다.

물론 총알 자체는 감염을 일으키지 않는다. 후장식 소총이든 기관총이든 총알을 목표물까지 날리는 원리는 같다. 화약이 폭발하면서 만들어지는 힘으로 인한 것이다. 총알은 아주 빠른 속도로 날아간다. 화약의 폭발과 아주 빠른 속도 모두 총알을 가열한다. 그래서 희생자의 몸에 닿을 때면 매우 뜨겁다. 대부분의 세균이 살아남지 못할 만큼 뜨겁다. 그러니 총알 자체는 감염 위험이 적다. 다만 전장의 환경이 문제다. 특히 서부 전선이 자리한 프랑스 북동부와 근처 지역의 흙은 엄청나게 많은 세균이 득실거린다. 병사들의 옷도 문제다. 불결할 수밖에 없는 병사들의 옷에 상처가 노출되면 심각한 감염이 발생한다.

감염 가운데서도 가스 괴저가 가장 무섭다. 처음에는 상처 주변이 약간 붓고 진물이 흘러나오다가 곧 푸르스름하거나 검붉게 변하고 손으로 누르면 스펀지 같은 느낌이 나기 시작한다. 환자는 덜덜 떨기 시작하고 불덩이처럼 체온이 상승한다. 그리고는 며칠 안에 혈압이 떨어지고 의식이 흐려진 후 죽음을 맞이한다.

고대 로마 제국 시절부터 그런 무시무시한 감염은 전장에서 흔했다. 다행히 이제는 세균이 원인인 것을 안다. 따라서 상처를 물과 소독약으로 깨끗이 씻어 내는 것으로 적지 않은 생명을 구할 수 있다. 그러나 그것만으로는 충분하지 않다. 이미 상처에 세균이 들어온 상황에서도 치료할 수 있어야 한다.

그래서 올모스트 라이트, 아니 암로스 라이트는 백신을 만들었다. 장티푸스 백신을 만든 것처럼, 가장 치명적인 가스 괴저를 일으키는 세균을 찾아내고 그 세균에 대한 백신을 만들어 부상자뿐만 아니라 일반 병사들에게 접종하면 심각한 상처 감염을 막을 수 있다. 물론 그런 세균은 여럿일 수도 있다. 그래서 가스 괴저에 걸린 병사의 상처와 서부 전선의 토양에서 다양한 세균을 찾았다. 그리고 몇 종류의 가장 위험한 세균을 추려내서 복합 백신을 만들었다.

오늘은 그 백신을 시험하는 날이다. 물론 그는 성공을 조금도 의심하지 않았다. 사람들은 그를 '올모스트 라이트(Almost Right)'라 부르나 그는 '항상 정확한(Always Right)' 것이 틀림없기 때문이다. 올모스트 라이트란 별명은 그를 싫어하는 사람들이 질투하여 만든 별명일 뿐이다.

암로스 라이트는 1861년 잉글랜드에서 태어났다. 성공회 성직자인 아버지와 스웨덴 출신 어머니 사이에서 태어난 라이트는 아버지가 아일랜드의 교구에 부임하면서 그곳에서 어린 시절을 보냈다. 당시 아일랜드는 완전히 정복되어 대영 제국의 일원, 정확히 말하면 잉글랜드의 식민지였으나 주민 대다수가 잉글랜드 국교인 성공회가 아니라 가톨릭 신자였고, 인종 역시 앵글로-색슨계가 아니라 켈트족에 해당했다. 당연히 성공회 성직자의 아들인 암로스 라이트에게는 우호적인 환경이 아니었다. 어머니 역시 가톨릭이 아니라 개신교를 믿는 스웨덴인이라 라이트는 가톨릭을 혐오했다. 또 어린 시절부터 수백 편의 시를 완벽히 암기할 만큼 기억력이 뛰어났고 합리적인 추론뿐만 아니라 직관마저 날카로운 비상한 두뇌를 지닌 그는 자존심과 자부심이 넘치다 못해 재수 없을 만큼 오만한 성격을 형성했다. 과시적이고 자기중심적이긴 했으나 말솜씨가 뛰어나 적과 친구를 끊임없이 만들었다.

더블린의 트리니티 대학에서 의학을 전공하고 런던 근처로 옮겨 와 영국군과 관련한 의학 업무를 담당하면서 암로스 라이트의 독특한 성격과 찬란한 재능은 동시에 빛을 발휘했다. 암로스 라이트는 백신 전문가였는데, 당시 대영 제국은 방대한 식민지를 경영하기 위해 많은 수의 영국군을 잉글랜드와 전혀 다른 환경을 지닌 곳으로 파병해야 했다. 이에 따라 다양한 풍토병과 전염병에 대한 백신이 절실했다. 당시만 해도 전쟁이 발발하면 전투 중 부상으로 사망한 군인보다 질병으로 사망한 군인이 많았으며 전장이 유럽이 아니라 아프리카와 아시아인 경우에는 더욱 심했다.

그런 상황에서 암로스 라이트는 전장의 불결한 식수와 오염된 음식을 통해 퍼지는 대표적인 수인성 전염병인 장티푸스에 대한 백신 개발에 나섰다. 그는 죽은 장티푸스 세균을 사용하여 백신을 개발했고 맨 처음 자신에게 접종했다. 그런 다음 열다섯 명의 병사에게 접종하여 효과를 확인했다. 그러고는 곧 보어 전쟁에 나서는 영국군에게 대량 접종하자고 주장했다. 오늘날뿐만 아니라 당시의 기준으로도 암로스 라이트의 주장은 위험하고 무모한 망상에 가까웠다. 당연히 접종은 이루어지지 않았고 보어 전쟁에서 장티푸스만으로 1만 5000명의 사망자가 발생한다.

얼마 뒤 인도에서 반란이 발생하자 영국군 수뇌부는 어쩔 수 없이 암로스 라이트의 대규모 접종 계획을 승인한다. 그러자 장티푸스 백신을 접종한 2835명의 병사 가운데 다섯 명에게서만 장티푸스가 발생했다. 보어 전쟁이 벌어진 남아프리카 지역보다 인도에 장티푸스가 흔했던 것을 감안하면 기적과 같은 성과였다. 덕분에 암로스 라이트는 '위대한 의학자'란 명성을 얻고 기사 작위를 받아 암로스 라이트 경(Sir)이 된다.

물론 똑똑하고 오만하며 자기중심적이면서 말솜씨까지 뛰어난 암로스 라이트가 자신을 무시했던 영국군 수뇌부를 가만둘 리 없었다. 버나드 쇼의 친구이며 사교계 명사로 떠오른 암로스 라이트는 틈만 나면 영국군 수뇌부를 비난했다. 장군들뿐만 아니라 자신의 장티푸스 백신 접종 계획을 위험하고 무모하다면서 비판했던 모든 사람을 조롱했다. 그래서 생긴 별명이 '올모스트 라이트 경(Sir Almost Right)'이다.

어쨌거나 잔뜩 감정이 상한 상태로 영국군과 관련한 일을 떠난 암로스 라이트가 다시 돌아온 것은 1차 세계 대전이 발발했기 때문이다. 영국군 수뇌부도 암로스 라이트를 아주 싫어했으나 막상 그를 대체할 만큼 유능한 의사가 없었다. 올모스트 라이트란 별명에서 알 수 있듯, 1차 세계 대전이 발발하던 무렵에는 오만하고 자기중심적인 괴짜 천재를 넘어서 고집불통의 꽉 막힌 꼰대가 된 암로스 라이트를 다시 불러오는 것은 쉬운 일이 아니었다. 그의 애국심을 한껏 자극한 후에야 겨우 승낙을 받았고, 암로스 라이트가 개발한 장티푸스 백신을 병사들에게 접종한 덕분에 1차 세계 대전 당시 영국군은 다른 군대와 달리 적어도 장티푸스의 악몽에서 벗어날 수 있었다.

그러자 암로스 라이트는 상처 감염에 도전했다. 장티푸스, 이질, 콜레라, 발진 티푸스 같은 전염병뿐만 아니라 상처 감염은 오랫동안 병사를 괴롭힌 문제였다. 특히 앞서 설명한 가스 괴저는 걸리면 손을 쓸 수 없는 문제였다. 그래도 당시에는 소독법이 널리 퍼진 덕에 이전보다는 감염이 적었다. 그러나 상처가 깊숙하고 옷, 나뭇조각, 흙, 바위 같은 이물질에 노출된 경우에는 소독법도 큰 효과가 없었다. 석탄산 같은 무시무시한 약품으로 상처를 문지르고 깨끗하게 닦아 낸 후에 봉합해도 며칠이 지나면 검붉게 부풀어 오르고 누르면 스펀지 같은 느낌이 났으며 그런 다음 오한과 고열에 시달리다 사망했다.

그런 상처 감염의 문제에 착수한 암로스 라이트는 일단 군의관이 사용하는 소독법에 문제가 있다고 판단했다. 깊은 상처의 경우에는 소독법이 확실히 도움이 된다는 과학적 증거가 없었기 때문이다. 암로스 라이트는 석탄산 같은 무시무시한 약품으로 깊은 상처를 문지르고 깨끗하게 닦아 낸 후에 바로 봉합하는 기존 방식과 증류수로 깊은 상처를 씻고 너무 심하게 손상했거나 이물질을 제거하기 힘든 조직을 깨끗하게 제거한 다음 며칠 동안 공기 중에 노출하여 습한 상태를 유지한 후 봉합하는 자신이 고안한 새로운 방법을 비교했다. 단순히 부상자의 생존율을 비교하는 것이 아니라 매일 상처에서 시료를 채취하여 현미경으로 세균과 백혈구의 숫자를 관찰했다. 그 결과 소독약으로 미친 듯이 상처를 닦아 내고 바로 봉합하는 방식은 깊은 상처의 경우 세균을 줄이지는 못하면서 백혈구를 손상시켜 오히려 가스 괴저 같은 감염의 위험을 높이는 것으로 밝혀졌다. 반면에 암로스 라이트가 고안한 새로운 방식은 세균을 줄이면서 백혈구의 손상은 크지 않아 가스 괴저 같은 감염의 위험이 상대적으로 크지 않았다.

이런 실험 결과를 바탕으로 암로스 라이트는 평소처럼 전선의 군의관을 야단치기 시작했다. '올모스트 라이트'란 악명이 빛을 발휘해서 설득보다는 조롱, 비난, 경멸에 가까웠으나 장티푸스 백신을 개발하여 많은 생명을 살렸고 기사 작위를 받았으며 버나드 쇼 같은 유명 인사를 친구로 둔 터라 공공연히 반대하기는 어려웠다.

그렇게 상처를 치료하는 방식을 개선한 뒤 암로스 라이트는 본질적인 문제를 파고들었다. 상처 감염을 일으키는 세균을 보다 직접적으로 처리할 방법을 모색한 것이다. 백신 전문가답게 암로스 라이트는 상처 감염, 특히 가스 괴저를 일으키는 세균을 규명하여 백신을 개발하고자 했다. 그럴듯한 생각이나 암로스 라이트의 발상에는 문제가 있었다.

상처 감염을 일으키는 세균이 너무 다양한 것이 문제였다. 암로스 라이트 역시 한 종류의 세균이 상처 감염을 일으킨다고 생각하지는 않아 복합 백신을 구상했으나 기껏해야 3~4종, 많아도 5~6종의 세균을 염두에 두었을 뿐이다. 그러나 상처 감염은 장소에 따라 엄청나게 다양한 세균이 원인이 될 수 있으며 심지어 피부 표면에서는 아무런 문제를 일으키지 않는 세균, 그러니까 정상 세균총(normal flora)도 상처나 혈액에서는 심각한 감염을 일으킬 때가 있어 그 모든 것을 대비하는 백신은 개발이 가능하지 않다.

그래서 암로스 라이트의 자신만만한 기대와 달리 상처 감염을 막겠다면서 만든 복합 백신은 처참한 실패로 끝났다. 암로스 라이

트는 1차 세계 대전이 끝날 때까지 포기하지 않고 연구와 실험을
계속했으나 성과는 미미했다.

그러자 '올모스트 라이트'란 별명에 어울리게 암로스 라이트는
절망했다. 상처 감염을 일으키는 세균을 직접적으로 공격할 수 있
는 '마법의 탄환' 같은 무기 따위는 결코 만들 수 없다고 단정했다.
왜냐하면 항상 옳을 수밖에 없는 자신이 하지 못했으니까.

암로스 라이트는 의학사에서 '지킬 박사와 하이드 씨' 같은 인
물이다. 1차 세계 대전 초기 전선의 군의관 대부분이 깊은 상처도
소독약으로 미친 듯이 씻어 내고 바로 봉합한 방식에 문제가 있으
며 그런 상처일수록 처음에는 깨끗한 식염수로 세척하고 손상이
큰 조직은 제거한 다음 며칠 동안 지켜본 후 봉합해야 한다는 주
장은 단순한 직감 혹은 '그렇게 치료했더니 괜찮더라'가 아니라 상
처 부위의 세균과 백혈구를 날마다 관찰하고 두 방법을 서로 비
교하여 얻은 '과학적 증거'에 근거했다. 현대 의학의 핵심인 '근거
중심주의'에 해당하는 셈이니 암로스 라이트는 문제가 있는 성격
에도 불구하고 뛰어난 의학자가 틀림없다.

그러나 상처 감염을 백신으로 해결하고자 했던 시도가 실패로
끝나자 '세균을 치료할 수 있는 마법의 탄환'을 찾으려는 모든 시

도를 몽상으로 치부하면서 비난했다. 모든 세균에 대항하여 백신을 만들겠다는 자신의 계획이 지닌 문제에는 관심을 기울이지 않으면서 무턱대고 '내가 하지 못했으니 너희도 할 수 없다'고 주장했다. 암로스 라이트는 단순한 주장에 그치지 않고 의학계와 사교계에서 지닌 영향력을 이용하여 '마법의 탄환'을 찾으려는 시도를 방해했다. 이어서 살펴볼 이야기에서 인류는 드디어 진정한 '마법의 탄환'을 찾는 것에 성공하나 암로스 라이트의 '마법의 탄환은 없다'는 신념 덕분에 영국인이 아니라 독일인에게 그 영광이 돌아갔다. 그러니까 암로스 라이트의 '하이드 씨' 같은 측면 때문에 '영국인의 마법 탄환'이 아니라 '독일인의 마법 탄환'이 탄생한 것이다.

1861년에 태어나 1947년에 사망한 영국의 의학자. 백신 개발에 큰 업적을 남겼고 특히 영국군과 함께 개발한 장티푸스 백신은 1차 세계 대전 당시 큰 효과를 발휘하여 많은 생명을 구했다. 그런 업적으로 기사 작위를 받았으나 '마법의 탄환 같은 항생제는 불가능하다'는 주장을 끝까지 고집했다. 재미있게도 1946년 암로스 라이트가 은퇴하자 몇 년 후 같은 연구실(런던 세인트메리 병원 연구소) 소속인 알렉산더 플레밍이 페니실린을 개발했다.

드디어 완성된
마법 탄환

게르하르트 도마크

Gerhard Domagk, 1895~1964

1

　눈을 제대로 뜨지 못할 만큼 플래시가 연이어 터졌다. 카메라를 들지 않은 기자는 수첩과 만년필을 꺼내 한 마디도 놓치지 않고 받아 적을 기세였다. 그러나 수십 명이 넘는 기자의 관심을 모은 사내는 생각보다 평범했다. 아직 머리카락이 꽤 남아 있으나 대머리라 불러도 이상하지 않을 만큼 진행된 탈모를 제외하면 외모에서 도드라지는 특징은 없었다. 사내가 중년인 것을 감안하면 대머리도 특별하지 않았다. 다만 사내가 입은 연회복은 눈에 띄었다. 화려하거나 고급스러워서가 아니라 너무 낡았기 때문이다. 더구나 주요 행사에서 입으려고 맞춤 제작하기 마련인 연회복이 사내에게 잘 맞지 않았다. 다른 사람의 옷을 빌려 입은 것처럼 어색했다.

　"도마크 박사님, 환영합니다."

　반면에 사내를 맞이하는 사절의 옷차림은 훌륭했다. 고급 양복에 머리카락까지 정갈하게 빗어 넘긴 서너 명의 남자는 외교관이 분명했다. 사내에게 환영 인사를 건넨 사람은 그들보다 조금 나이 든 외모였고 외교관보다는 과학자의 분위기였다.

　"환영해 주셔서 감사합니다."

　사내의 대답에 나이 든 남자는 웃으며 말을 이었다.

　"덴마크를 지날 때 문제는 없었습니까?"

　덴마크라. 어쨌거나 덴마크를 통과했으니 큰 문제는 없었다. 여권을 확인하면서 중년의 독일 남자를 바라보는 덴마크 공무원의 표정이 냉랭했고 어떡하든 꼬투리를 잡으려는 듯 느껴졌으나 어디까지나 사내의 느낌일 뿐 사실인지 알 수 없었으니까.

"다행히 순조롭게 통과했습니다."

사내의 말에 나이 든 남자뿐만 아니라 기자들까지 가볍게 웃었다. 사내는 자신을 맞이하는 사절과 악수했고 더 많은 플래시가 터졌다. 그런 플래시의 향연이 끝나고 기자들이 흩어질 무렵 나이든 남자가 사내에게 조용히 말했다.

"국왕께서는 이렇게 고전적인 연회복을 좋아하십니다. 그렇지만 조금 수선해야 하지 않을까요? 제가 솜씨 좋은 장인을 알고 있습니다."

완곡한 표현이나 사내는 그 안에 있는 뜻을 모르지 않았다. 노벨상 수상식에서 입기에 지나치게 볼품없는 차림이란 얘기겠지. 그러나 사내는 옷을 수선할 생각이 전혀 없었다.

"괜찮습니다. 이게 독일의 모습이니까요.. 그냥 입겠습니다."

그러면서 사내는 지난 8년을 떠올렸다.

감방은 차갑고 어두웠다. 그러나 육체의 고통은 최악의 문제가 아니었다. 게슈타포는 다른 불운한 희생자에게 사용한 방법을 도마크에게도 그대로 적용했다. 물론 '박사 나리'가 '총통 각하의 군대'에 필요한 인물에 해당했으므로 약간의 관용은 베풀었다. 그래도 희생자에게 고발당한 죄목, 혹은 감금당한 혐의를 밝히지 않고 단조로운 생활을 반복하게 만드는 것은 다르지 않았다. 그러면 희생자는 서서히 시간 개념이 사라지고 내부에서부터 무너진다. 차라리 '반역을 자백하라', '배신자의 이름을 대라' 같은 명확한 요구 조건이 있다면, 설령 날조한 것이라도 희생자는 버티고 맞서 싸울 수 있다. 그러나 죄목도, 혐의도 알려 주지 않고 계속하는 '침묵의 심문'은 효과적으로 저항하기 어렵다. 점차 오늘이 무슨 요일인지, 갇힌 지 얼마가 지났는지 잊어버린 도마크는 심문자에게 간곡하게 "제가 갇힌 이유가 무엇입니까?"라고 묻고 또 물었다. 그런 후에야 겨우 "박사, 당신은 스웨덴 놈들에게 너무 친절했어."란 답을 얻었다.

스웨덴인에게 친절했던 것이 이유라니! 도마크 주변에는 독일인뿐이며 협력해서 연구를 진행한 사람 가운데도 스웨덴인은 없었다. 그러나 그게 무슨 뜻인지 알아차리기는 어렵지 않았다. 노벨상이 문제였다. 스웨덴의 노벨 위원회에서 1939년 노벨 생리의학상 수상자로 도마크를 선정했기 때문이다. 소식을 들은 도마크는 매우 기뻤다. 로베르트 코흐와 파울 에를리히 같은 위대한 독일 의학자의 뒤를 이어 노벨 생리의학상을 받는 것은 큰 명예이며 도마크의 목표 가운데 하나였다. 하지만 독일 정부는 도마크와 생각이 달랐다. 1935년 노벨 평화상 수상자가 카를 폰 오시에츠키였기 때문이다. 공개적으로 히틀러와 나치당에 저항하다 수용소에서 삶을 마감한 몽상가에게 준 노벨상을 히틀러는 자신에 대한 모욕으로 간주했다. 도마크는 어떡하든 노벨상을 받기 위해 '평화상은 스웨덴이 아니라 노르웨이에서 결정합니다' 같은 논리까지 동원했으나 그 모든 노력에 대한 답은 갑작스러운 체포였다.

물론 1주일 만에 '노벨상을 거부한다'는 서류에 서명하고 도마크는 풀려났다. 시인, 소설가, 음악가 같은 부류가 아니라 의학자였고 '총통 각하의 군대'에 꼭 필요한 사람이라 게슈타포도 육체적으로 고문하지는 않았다. 그러나 인간은 육체만으로 이루어지지 않는다. 도마크의 영혼은 황폐해졌다. 그나마 남아 있던 애국심도 사라졌다. 그럼에도 도마크는 열심히 일했다. 연구소에서 프론토질(prontosil)의 효과를 개선하기 위해 노력했고 야전병원을 찾아 군의관과 의무병을 교육했다. 처음부터 히틀러를 좋아하지 않았고 '노벨상 사건'을 겪으면서 완전히 돌아선 도마크가 계속하여 헌신한 이유는 '1차 세계 대전의 기억' 때문이다.

1914년에는 도마크도 불타는 애국심을 지닌 의과대학생이었다. 그 또래답게 자원입대했고 그때만 해도 건장한 체격이라 척탄병(르네상스 시대부터 1차 세계 대전 무렵까지 존재했던 수류탄을 전문적으로 투척하는 병과로, 건장한 사람을 주로 선발했다.)에 뽑혔다. 1871년 보불전쟁 후 거의 40년만의 대규모 전쟁이라 젊은 병사들은 낭만적인 모험을 기대했다. 그러나 최초의 전투에서 그런 기대는 산산히 부서졌다. 포격과 기관총 세례를 정면으로 받으며 적의 참호로 돌격하던 병사들은 살육당했다. 전투가 끝났을 때 도마크가 배속한 대대에서 살아남은 척탄병은 손가락으로 헤아릴 정도였다.

다행히 도마크는 의과대학생이란 신분 덕분에 남은 기간은 야전병원에서 의무병으로 일했다. 하지만 야전병원도 크게 다르지 않았다. 전선에서 죽음이 빠르게 찾아온다면, 야전병원에서는 느리게 찾아왔다. 크고 작은 상처를 입은 병사 대부분은 감염에 시달렸다. 특히 상처 부위에서 거품 섞인 고름이 생기는 가스 괴저는 '죽음의 증표'였다. 의무병인 도마크도, 경험 많은 군의관도 가스 괴저에는 무력했다. 모르핀을 투여하여 고통을 덜어 주는 것이 할 수 있는 전부였다. 전쟁이 끝나고 의과대학을 졸업한 도마크가 감염병을 치료할 특효약, 이른바 '마법의 탄환'을 찾는 일에 삶을 바치기로 결심한 것도 그런 경험 때문이다. 그래서 히틀러와 나치 독일에 등을 돌린 후에도 도마크는 병사를 위한 헌신을 그만둘 수 없었다.

'사악한 나치 놈들.'

환영 사절을 따라 기차역을 걸으며 도마크는 중얼거렸다. 도마크의 그런 헌신에도 불구하고 나치 독일의 수뇌부는 프론토질을 탐탁지 않게 생각했다. 영국군과 미군이 프론토질을 적극적으로 사용하는 것과 달랐다. 영국군과 미군의 의무병은 프론토질, 그러니까 그들의 단어로는 '설파제'를 분말로 휴대했다. 그래서 지혈과 함께 상처에 '마법의 가루'를 뿌렸다. 부상병이 야전병원으로 옮겨지면 군의관이 이번에는 주사로 설파제를 투여했다. 그러나 정작 설파제의 원조인 프론토질을 발명한 나라의 병사는 그러지 못했다. 히틀러와 나치 독일 수뇌부의 고집 때문에 제대로 치료받지 못하는 사례가 많았다.

그런 상황은 '금발의 짐승' 혹은 '프라하의 백정'이란 괴물이 죽으면서 극적으로 변했다. 물론 진짜 괴물은 아니었고 라인하르트 하이드리히의 별명이 그랬다. 그는 미남일 뿐만 아니라 나치당이 내세운 아리안족의 이상적 모습에 꼭 맞는 외모에 사악하고 냉혹하면서 잔인했다. 당연히 나치당에서도 승승장구했다. 아직 마흔에도 이르지 않았으나 친위대에서 하인리히 힘러 다음가는 2인자였고 체코 총독(정확히는 보헤미아와 모라비아 총독)에 올랐으며 무엇보다 히틀러가 특별히 총애했다. 빠른 출세로 오만해진 그는 자신의 권위를 자랑하려고 무장 경호도 없이 최고급 오픈카를 타고 교외의 시골에서 프라하의 집무실까지 출근하고 퇴근했다. 그가 유대인 학살의 계획자 및 게슈타포의 핵심으로 악명 높았던 것을 감안하면 매우 무모한 행동이었고 연합군 수뇌부도 그 실수를 놓치지 않았다. 1942년 5월 영국군이 훈련한 체코 레지스탕스 대원 셋이 낙하산을 이용하여 프라하에 침투했다. 하이드리히가 무장 경호 없이 출근할 뿐만 아니라 차량 자체도 하부 장갑(요인의 차는 오픈카라도 차량 바닥에 폭발물을 방어하기 위한 장갑판을 장착하는 게 일반적이다.)이 없는 점을 이용해서 개인 화기와 수류탄으로 기습했다. 하이드리히는 현장에서 사망하지는 않았으나 결과적으로 기습은 성공했다. 흉부와 복부, 다리에 심한 부상을 입은 하이드리히는 응급 수술을 받고 회복세를 보였으나 상처 감염에 따른 패혈증으로 1942년 6월 4일 사망했다. 작전을 수행한 레지스탕스 대원 셋은 모두 생환하지 못하고 전사했다. 그뿐만 아니라 히틀러와 힘러는 하이드리히의 복수를 위해 체코에서 집단 학살극을 벌였다.

그런데 '상처 감염'이 하이드리히 죽음의 원인이란 것이 알려지면서 나치 수뇌부는 갑자기 프론토질에 커다란 관심을 보였다. 도마크는 일선 병사들이 제대로 치료받을 기회라 기대했으나 이번에도 나치 수뇌부의 관심은 기괴한 방향으로 흘렀다. 프론토질, 그러니까 설파제를 대량 생산하여 전선의 의무병과 군의관에게 보급하면서 동시에 라벤스브뤼크 여성 강제 수용소에서 생체 실험을 시작했다. 주로 반나치 운동과 관련된 수용자를 뽑아 다리에 상처를 만들어 세균을 심거나 대패, 톱밥, 쇳조각 같은 잡동사니를 넣었다. 그런 다음 한 집단에는 설파제를 투여하고 다른 집단에는 투여하지 않으면서 효과를 확인했다. 또 설파제의 용량과 투여 시기를 다르게 해서 효율적인 투여량과 투여 시점을 알아내려 했다. 그 과정에서 많은 사람이 사망했고 고통받았으며 불구가 되었다. 그 실험을 떠올리자 도마크의 손이 가볍게 떨렸다. 단순한 범죄(crime)가 아니라 도덕적 죄(sin)가 틀림없었으나 도마크는 적극적으로 히틀러에 저항하지는 못했다. 그런 자신이 부끄럽고 나치의 사악함이 경악스러워 도마크의 손은 좀처럼 멈추지 않았다.

"일단 호텔로 모시겠습니다."

어느덧 도마크와 일행은 기차역 앞에 주차한 자동차에 도달했다. 도마크는 회상에서 벗어나 크게 한번 숨을 들이쉬고 자동차에 올랐다. 그렇게 1947년, 게르하르트 도마크는 8년 늦게 1939년의 노벨 생리의학상을 수상했다.

매독 치료제를 개발한 파울 에를리히는 '마법의 탄환'만 최초로 개발한 것이 아니었다. 평소 그는 '새로운 약품을 개발하려면 4G가 필요하다'고 했다. 돈(Geld), 인내심(Geduld), 창의성(Geschick), 행운(Gluck)이 바로 파울 에를리히의 4G다. 당연한 말처럼 들리나 이 네 가지는 오늘날 신약 개발에 나서는 제약 회사가 철저하게 따르는 원칙이다. 20세기 초반 독일도 마찬가지여서 1차 세계 대전의 패배를 딛고 일어서자 '마법의 탄환'을 찾기 위한 본격적인 시도에 나서며 4G를 철저하게 따랐다.

우선 아스피린을 개발하여 큰 수익을 올린 제약 회사 바이엘이 돈(Geld)과 실패를 거듭할 수밖에 없는 긴 개발 과정을 참아주는 인내(Geduld)를 제공했다. 운(Gluck)은 하늘에 달렸으니 창의성(Geschick)을 발휘할 연구자가 필요했고, 바이엘의 선택은 게르하르트 도마크였다.

게르하르트 도마크는 1895년 교장의 아들로 태어났다. 도마크는 1914년 1차 세계 대전이 발발하자 대학을 휴학하고 자원입대할 만큼 혈기 넘치는 시절도 있었으나 신중하고 차분했으며 은근한 고집도 있었다. 물론 1933년 히틀러가 정권을 잡을 때부터 나치당에 회의적이었고 1939년에는 노벨상을 받으려 고집부리다 게슈타포에 1주일간 감금되었으며 수용소의 생체 실험에 분노했으나 적극적인 반히틀러 활동에는 관심이 없었다. 그는 교양 있으면서 약간 고집 센 '독일 시민의 전형'에 가까웠다. 그런 그에게 1차 세계 대전 당시 목격한 참상은 '마법의 탄환을 찾아 상처 감염을 치료하겠다'는 목표를 마음 깊이 심어 주었다.

어쨌거나 바이엘의 연구팀에 합류한 도마크는 파울 에를리히와 마찬가지로 염색약에 주목했다. 도마크는 특히 아조(azo) 염료에 주목했다. 도마크가 아조 염료에 주목한 이유는 간단했다. 질소를 함유한 아조 염료는 비교적 구하기 쉽고 독성이 크지 않았으며 다른 화합물을 결합시켜 변형하기에도 수월했기 때문이다. 덧붙여 아조 염료는 아주 작으나 세균에 대한 독성이 있었다. 아조 염료를 다양한 화학물과 결합하여 세균에 대한 독성은 키우고 인체에 대한 독성을 낮추는 것이 도마크의 목표였다.

그 과정은 쉽지 않았다. 세균에 대한 독성이 강해지면 인체에 대한 독성도 강해졌다. 인체에 대한 독성이 약해지면 세균에 대한 독성도 약해졌다. 아예 인체에 대한 독성만 있고 세균에 대한 독성은 없는 화학물도 많았다. 도마크의 연구팀은 아조 염료와 새로운 화합물을 결합한 물질에 'KI'란 일련번호를 매겼다. KI-1에서 시작한 번호가 KI-700에 이를 때까지 목표를 만족하는 물질은 없었다. 그러다가 아조 염료와 황(sulfur)을 결합한 KI-730에서 극적인

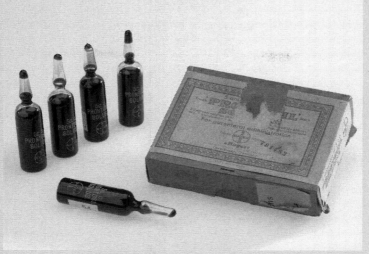

독일에서 사용된 프론토질 앰플 세트

프론토질을 시작으로 설파닐아미드를 이용한 각종 항생제(항균제)가 개발된다. 설파제로 처칠이 생명을 구한 사연은 유명하다. 독일인 도마크가 만든 프론토질로 인해 개발된 설파피리딘이 영국의 총리 처칠을 구했다는 사실은 역사의 아이러니다.

효과를 발견했다. 드디어 세균에 선택적으로 독성을 보이며 인체에는 독성이 적은 물질을 찾아낸 것이다. 바이엘은 이 물질을 개량하여 1933년부터 임상 시험을 시작했고 1935년 프론토질이란 이름으로 출시한다. 최초의 설파제(sulfonamide, 설폰아마이드)이자 최초의 광범위 항생제, 그러니까 '마법의 탄환'이 세상에 나온 것이다.

그런데 프론토질, 그러니까 최초의 설파제의 발명에는 운이 크게 작용했다. 도마크와 연구팀은 아조 염료 자체가 세균을 물리치는 역할을 한다고 믿었고 황은 그저 도와주는 정도라고 생각했다. 그러나 실제로 세균을 물리치는 것은 아조 염료가 아니라 황이었다. 나아가 설파제는 세균을 능동적으로 죽이는 항생제가 아니다. 항생제는 크게 능동적으로 세균을 죽이는 살균제와 수동적으로 세균의 번식을 억제하는 정균제로 분류한다. 설파제는 정균제에 해당한다. 쉽게 말하면 황을 자신에게 필요한 음식으로 착각하여 섭취한 세균이 굶어 죽는 것이 설파제의 작용 기전이다.

아울러 앞서 살펴본 것처럼 나치 독일 수뇌부는 처음에는 설파제의 사용을 주저했다. 오히려 미국과 영국에서 남용 및 오용에 해당할 정도로 널리 사용했다. 재미있게도 이 점은 2차 세계 대전의 흐름에도 큰 영향을 미친다.

4

1943년 11월, 겨울이나 여전히 추위와는 거리가 먼 카이로에 연합국의 주요 인물 세 사람이 모였다. 한 명은 휠체어를 탄 늙은 백인, 한 명은 아침 식사에서 베이컨과 달걀을 빼놓지 않으며 브랜디와 위스키를 곁들이는 것도 잊지 않는 주정뱅이 뚱보 백인, 나머지 한 명은 앞선 둘과 비슷한 나이에도 불구하고 여전히 강인한 육체를 지닌 군복 차림의 아시아인이었다. 각각 미국, 영국, 중화민국을 대표하는 셋은 2차 세계 대전 후 독일, 이탈리아, 일본과 그 식민지의 처리를 두고 회담했다. 장제스(군복 차림의 아시아인)에게는 힘들지 않았으나 휠체어를 탄 노인과 주정뱅이 뚱보 노인에게는 만만치 않은 일정이었다. 다행히 소아마비를 앓았으나 적절히 자신을 관리하는 프랭클린 루스벨트(휠체어를 탄 노인)는 심각한 상황에 이르지 않았다. 하지만 카이로에서도 깨어 있는 시간 내내 시가를 피우고 위스키와 브랜디를 마시면서 기름진 식단을 고집한 주정뱅이 뚱보 노인(윈스턴 처칠)에게는 심각한 문제가 발생했다. 영국으로 돌아가지 못하고 북아프리카의 숙소에서 쓰러진 것이다. 다행히 의식을 회복했으나 고열과 호흡 곤란을 동반한 증상은 폐렴으로 밝혀졌다. 고령, 골초, 알코올 남용, 비만은 요즘에도 '나쁜 예후'를 전망할 수 있는 위험 요소이니 1943년 처칠의 상황은 '조금 연기한 사망 선고'에 가까웠다. 당시 전세가 조금씩 연합국에 유리하게 기울고 있었지만 여전히 유럽 본토의 대부분을 독일이 지배하는 상황이었고, 처칠의 부재는 연합국에 심각한 타격일 가능성이 컸다. 그래서 처칠의 치료를 맡은 의사는 과감하게 설파제를 고용량으로 투여했다. 한때 심각한 부정맥과 함께 사망 직전까지 상태가 악화했던 처칠은, 곧 설파제의 효과가 나타나면서 극적인 회복을 보였다. 어느 정도 회복한 처칠은 위스키와 브랜디부터 찾았고 연합국은 순조롭게 계획한 공격을 진행할 수 있었다.

설파제는 처칠의 생명을 구했을 뿐만 아니라 야전병원의 모습을 극적으로 바꾸었다. 여전히 사망자는 많았으나 적어도 무시무시한 상처 감염, 특히 가스 괴저는 크게 줄었다. 전장의 의무병이 병사의 상처에 분말 형태의 설파제를 뿌렸고 야전병원의 군의관은 주사제 혹은 경구약으로 복용시켰기 때문이다. 설파제의 등장은 수술의 효과도 크게 향상시켰다. 파편을 제거하는 수술과 손상을 입은 장기를 복구하는 수술, 살릴 수 없는 팔과 다리를 절단하는 큰 수술도 감염의 걱정 없이 시행할 수 있었다.

그런 변화는 전쟁 후에도 이어졌다. 항생제 덕분에 의사는 이제 진정한 치료자와 전문가의 지위에 올라섰다. 감염병에 속수무책으로 당하면서 환자와 그 가족을 위로하던 겸손하고 보잘것없는 존재에서 '죽음의 신'에 맞서 환자의 생명을 구하는 자신만만한 존재로 변모했다.

안타깝게도 게르하르트 도마크가 만든 최초의 항생제인 설파제는 영광을 오래 누리지 못했다. 1940년대 후반 설파제보다 훨씬 효과적이며 강력한 페니실린이 나오면서 모든 영광을 빼앗았다.

심지어 '최초의 항생제'란 명칭 역시 페니실린이 훔쳐 갔다. 마찬가지로 게르하르트 도마크가 누려야 할 영광 역시 페니실린을 개발한 알렉산더 플레밍(Alexander Fleming, 1881~1955)에게 돌아갔다. 그래서 오늘날 많은 사람이 알렉산더 플레밍을 기억할 뿐, 게르하르트 도마크란 이름에는 낯설게 반응한다. 그러나 '마법의 탄환은 몽상가의 희망일 뿐이다'라는 회의적인 시각에 맞서 설파제를 개발한 도마크의 업적이 없었다면 페니실린의 개발에도 한층 긴 시간이 필요했을 것이며 2차 세계 대전에서도 많은 병사가 상처 감염으로 생명을 잃었을 가능성이 크다.

게르하르트 도마크

Gerhard Domagk, 1895~1964

1895년에 태어나 1964년에 사망한 독일의 의학자. 1914년 킬 대학 의학과에 입학하나 1차 세계 대전이 발발해 군에 입대한다. 전쟁이 끝난 후 대학을 졸업하였고 바이엘 연구소 소장을 지냈다.

1920년 붉은색 프론토질이 연쇄상구균의 증식을 억제한다는 것을 발견했고, 1932년 최초의 항생제인 설파제를 합성하여 미생물에 맞서는 '마법의 탄환'을 개발하는 긴 여정에서 결정적인 승리를 거두었다. 덕분에 2차 세계 대전 당시 독일군, 영국군, 미군 모두 상처 감염으로 인한 사망자가 크게 감소했다. 그런 업적으로 1939년 노벨 의학상 수상자로 선정되었으나 나치의 반대로 수상하지 못했고 2차 세계 대전이 끝난 후인 1947년에 겨우 수상했다.

태양을 특허 낼 수 있습니까?

조너스 소크

Jonas Salk, 1914~1995

1

기계는 정말 탱크, 액체를 담는 커다란 통처럼 보였다. 혹은 드럼통 같은 원형 기둥을 옆으로 누인 것처럼 보이기도 했다. 얇은 금속으로 만들어졌다는 것과 안이 비어 있는 것도 탱크 혹은 드럼통과 비슷했다. 다만 펌프를 연결한 튀어나온 부분이 있었고, 한쪽 끝에 사람 머리 하나가 나올 크기의 구멍이 있으며 거기에는 정말 사람의 머리가 있다는 것이 달랐다. 그러니까 탱크에 갇힌 사람이 머리만 구멍을 통해 밖으로 삐죽 내밀고 있는 상태였다. 그런데 그런 탱크가 하나가 아니었다. 농구장 정도의 제법 큰 공간에 30개에서 40개의 탱크가 질서 있게 놓여 있었다. 당연히 모든 탱크 속에는 머리만 밖으로 삐죽 내놓은 사람이 한 명씩 있었다.

과연 여기가 어디일까? 나치 같은 미치광이 집단의 생체 실험 연구소? 혹은 사이비 종교 집단이 기묘한 의식을 치르는 비밀 사원? 천만에. 1953년 로스앤젤레스의 대형 병원 내과 병동의 풍경이다. 탱크처럼 보이는 기계는 '강철의 폐(iron lung)'란 멋진 별명을 지닌 기구로 정식 명칭은 음압 인공호흡기(Negative pressure ventilator)다. 요즘에는 거의 사용하지 않으나 1930~1960년대에는 병원에서 쉽게 찾을 수 있는 기구였다.

음압 인공호흡기를 이해하려면 먼저 인간이 호흡하는 동작과 해부학적 구조를 알아야 한다. 인간의 폐와 심장은 흉강이란 공간에 위치한다. 흉강은 우리가 가슴이라 부르는 몸통 내부에 존재하는 공간으로, 갈비뼈가 보호하고 있으며 근육으로 만들어진 튼튼한 막인 횡격막으로 복강(위, 소장, 대장, 췌장, 간, 쓸개 같은 소화기관이 자리한 공간)과 구분된다. 흉강은 밀봉된 공간으로, 숨을 들이쉴 때면 갈비뼈와 주변 근육은 팽창하고 횡격막도 복강 방향으로 늘어나서 흉강 내부 공간이 커진다. 그러면 당연히 흉강 내부의 압력은 작아져서 기도를 통해 외부 공기가 쉽게 들어올 수 있다. 반대로 숨을 내쉴 때는 갈비뼈와 주변 근육이 수축하고 횡격막도 흉강 방향으로 쪼그라들어 흉강 내부 공간이 작아진다. 그러면 당연히 흉강 내부 압력이 증가하여 기도를 통해 내부 공기를 쉽게 뿜을 수 있다.

그런데 다양한 원인으로 갈비뼈와 주변 근육, 횡격막의 운동이 원활하지 않은 상황이 발생할 수 있다. 때때로 스스로 호흡할 수 없는 위기로 악화할 수도 있으나 과거에는 뾰족한 해결 방법이 없었다. 그러다가 19세기 중반에 접어들자 앞서 설명한 호흡하는 동작과 해부학적 구조를 이용하여 인공호흡기를 만들려는 시도가 나타났다.

그렇게 발명한 기구가 '강철의 폐'다. 강철의 폐의 작동 원리는 간단하다. 우선 튼튼한 금속으로 성인이 넉넉하게 들어갈 수 있는 원기둥 모양의 통을 만든다. 통의 한쪽 끝에는 안에 들어간 사람의 머리가 밖으로 나올 수 있는 구멍을 만들고 다른 끝에는 공기 펌프를 설치한다. 물론 공기 펌프에도 밀봉한 주머니를 연결한다. 그런 다음 스스로 호흡하기 힘든 환자를 통에 넣고 머리만 밖으로 나오도록 한 뒤 공기가 새지 않게 밀봉한다. 그리고 공기 펌

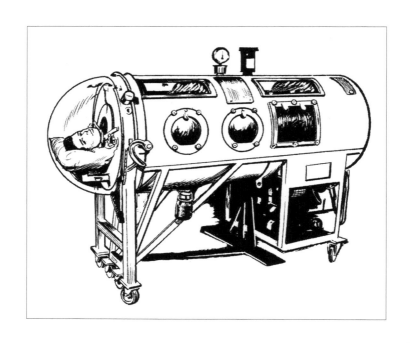

강철의 폐(iron lung) 안에 들어가 있는 사람의 모습

프를 작동시켜 통 안의 공기를 빼내 연결한 주머니를 부풀리면 자연스레 통 내부는 압력이 감소한다. 그러면 통 안에 있는 환자의 흉강도 간접적으로 부피가 커져 숨을 들이쉴 때와 비슷한 환경이 만들어진다. 환자가 숨을 충분히 들이쉬면 이번에는 공기 펌프를 반대로 작동시켜 주머니에 있는 공기를 통 내부로 넣는다. 그러면 통 내부의 압력이 증가하고 환자의 흉강도 간접적으로 부피가 작아져 숨을 내쉴 수 있다.

물론 오늘날에는 이런 복잡한 방식의 인공호흡기를 사용하지 않는다. 요즘에는 양압 인공호흡기(Positive pressure ventilator)를 주로 사용한다. 환자의 입을 통해 기관까지 긴 플라스틱 관을 넣어 기계가 직접 산소가 풍부한 공기를 환자의 폐에 불어 넣는다. 과거에 이런 방식을 사용하지 못한 이유는 산소가 풍부한 공기를 폐에 직접 불어 넣는 것이 기술적으로 어려웠기 때문이다.

1953년 로스앤젤레스 대형 병원의 내과 병동을 '강철의 폐'가 가득 채운 기괴한 광경이 펼쳐진 건 소아마비라 불리는, 오늘날에는 점점 잊히고 있는 질환 때문이다.

소아마비는 엔테로바이러스(enterovirus)가 일으키는 감염병이며 감염된 개체의 대변과 인후 분비물을 통해 전염된다. 환자의 분비물에 오염된 물건을 잡은 후 자신도 모르게 그 손으로 입과 그 주변을 만지면서 감염되는 것(흔히 말하는 '손과 구강 경로')이 전형적인 사례다. 따라서 위생 상태와 밀접하게 연관된 질병이다.

일단 인간의 몸에 들어온 소아마비 바이러스는 위장관을 침범한다. 그래서 발열과 함께 복통, 구토, 설사 증세가 나타난다. 여기서 감염이 진행하면 혈액에서 바이러스가 검출되는 바이러스 혈증(viremia) 단계에 접어든다. 이 단계에 이르면 소아마비 바이러스가 본격적으로 중추신경계와 하위운동신경원(LMN, lower motor neuron)을 공격한다. 그 결과 사망하는 사례도 있으며 생존해도 감각의 손상 없는 이완성 마비(flaccid paralysis, 근육이 힘이 없어 흐물흐물해지는 양상으로 나타나는 마비, 뇌성마비 혹은 뇌경색 같은 질환의 후유증으로 근육이 경직되어 나타나는 마비와 구분된다.)가 후유증으로 발생할 때가 많다. 후유증이 경미하면 다리를 절게 되고, 심하면 남은 생애 동안 휠체어를 사용해야 한다.

이런 소아마비는 인간과 몇몇 영장류만 걸리는 질병으로 다른 숙주는 존재하지 않으며, 기원전 1580년에서 기원전 1350년까지 이집트를 다스린 18왕조의 석판에서 흐물흐물한 다리에 목발을 짚은 청년의 모습이 발견되고 18세기 영국의 대문호인 월터 스콧(아이반호, 로빈 후드 같은 인물이 등장하는 역사 소설을 썼다.)도 어릴 때 소아마비에 걸려 다리를 절었던 것으로 미루어 보아 오랫동안 인류와 함께한 질병이다.

다만 소아마비는 19세기 중반까지는 '가끔씩 재앙을 만드는 질병'에 해당했고, 다수의 희생자가 발생하는 사례는 드물었다. 그러나 19세기 후반 북유럽과 미국을 중심으로 폭발적 양상의 집단 발병이 발생했다. 이런 폭발적인 발병은 20세기 중반까지 이어져 많은 사람이 죽고 더 많은 사람이 영구적인 장애를 입었다.

그렇다면 19세기 후반 미국과 북유럽에서 소아마비가 폭발적으로 발생한 이유는 무엇일까? 이율배반적이게도 '위생의 개선', 엄밀히 말하면 '위생의 어중간한 개선'이 원인이다. 19세기 중반 이

전까지는 위생 상태가 매우 나빠 생후 6개월에서 1년에 이르기 전에 소아마비 바이러스에 감염되는 사례가 많았다. 다행히 그 또래의 영유아는 어머니에게 받은 항체가 아직 있다. 그래서 소아마비 바이러스에 걸려도 무증상 혹은 위장관을 침범하는 단계에서 멈추고 중추신경계와 하위운동신경원까지 침범하는 사례는 드물다. 그리고 그렇게 영유아 시절 소아마비를 앓고 나면 면역이 생겨 남은 생 동안 소아마비에 걸리지 않는다.

그러나 19세기 후반 북유럽과 미국에서 위생이 개선되면서 생후 6개월부터 1년에 이르기 전에 소아마비에 감염하는 사례가 급격히 감소했다. 그 결과 영유아기를 지나 청소년 혹은 성인 무렵에 소아마비에 걸리는 사례가 증가했다. 생후 1년이 지나면 어머니에게 받은 항체는 대부분 사라지므로 소아마비 바이러스는 쉽게 위장관을 넘어 혈액으로 퍼져 중추신경계와 하위운동신경원을 공격했다. 그러니 심각한 사례가 증가할 수밖에 없었다. 사망자와 장애인이 대량으로 발생했다. 미국을 대공황에서 구하고 2차 세계 대전을 승리로 이끈 프랭클린 루스벨트 역시 성인이 된 후 소아마비에 걸려 대통령이 될 무렵에는 휠체어에 의지했다.

그런데 소아마비에 걸려 목발이나 휠체어에 의지하는 상황보다 한층 비극적인 사례도 많았다. 흉강 근육과 횡격막 같은 호흡 근육이 손상되어 스스로 호흡할 수 없는 환자가 그에 해당했다. 깨어 있을 때는 근근이 호흡을 유지할 수 있으나 잠들면 호흡이 심각하게 저하하는 사례도 적지 않았고, 그런 경우 깊이 잠들지 못하는 고통과 잠들었다가는 다시는 깨어나지 못하리라는 공포가 환자의 영혼을 조금씩 갉아먹었다. 1953년 로스앤젤레스 대형 병원의 내과 병동을 가득 채운 '강철의 폐'는 그런 환자를 위한 기구였다.

소아마비가 심각한 위협으로 떠오르자 미국은 국가적으로 대응했다. 소아마비 같은 감염병을 통제하는 가장 효율적인 방법은 예방접종이다. 그러나 20세기 초반 소아마비 같은 질병의 백신을 개발하는 것은 쉬운 일이 아니었다. 20세기 초반에는 아예 소아마비가 전염하는 경로도 제대로 알지 못했기 때문이다.

그런 상황에서 1909년 록펠러 연구소의 유명한 의학자 사이먼 플렉스너(Simon Flexner, 1863~1946)가 호기롭게 소아마비 연구에 나섰다. 뇌수막염 연구에서 명성을 쌓은 플렉스너는 단순하게 접근했다. 질병의 증상과 후유증으로 미루어 볼 때, 소아마비도 중추신경계 질병일 가능성이 컸다. 따라서 굳이 치료약이나 백신을 개발하지 않아도 전염 경로만 알면 충분히 질병을 통제할 수 있다고 판단했다. 그래서 록펠러 연구소의 막대한 지원을 이용하여 원숭이 실험에 착수했다. 인간뿐만 아니라 몇몇 영장류도 소아마비에 걸리기에 원숭이가 나쁜 선택은 아니었다. 다만 지나치게 자신감이 넘친 플렉스너는 다른 연구를 완전히 무시했다. 이미 북유럽에서 '대변에서 소아마비 바이러스를 발견했다'는 보고가 있었음에도 그런 가능성을 완전히 부정했다. 대신 원숭이의 구강 점막을 바이러스에 노출시키자 소아마비가 발생하는 것을 실험에서 확인하고는 '구강 점막이 소아마비의 유일한 감염 경로'라고 확신했다. 그래서 1911년 뉴욕타임스와의 인터뷰에서 '앞으로 6개월 내에 치료법이 나올 것'이라고 말했다. 플렉스너가 시도한 치료법은 앞서 말한 것처럼 단순했다. 구강 점막에 아연황산염을 뿌려 소아마비 바이러스의 감염 경로를 차단하는 것이 플렉스너가 제시한 예방법이다. 그에 따라 많은 아이들의 구강 점막에 아연황산염을 뿌렸으나 냄새 맡는 기능만 손상시킬 뿐, 소아마비는 전혀 예방하지 못했다. 그런데 이런 실패에도 구강 점막이 소아마비의 유일한 감염 경로라는 플렉스너의 주장은 20년 넘게 정설로 인정받았다. 또 병원 같은 임상 현장에서 환자와 질병을 관찰하지 않고 실험실에 틀어박혀 원숭이 연구만 계속하는 방식도 20년 넘게 '가장 훌륭한 연구법'으로 간주되었다. 덕분에 그 기간 동안 소아마비 연구는 지지부진할 수밖에 없었다.

1930년대에 접어든 후에야 환자의 인후 분비물과 대변에서 소아마비 바이러스를 발견했고 화장실과 하수도에 소아마비 바이러스가 광범위하게 존재한다는 것을 깨달았다. 소아마비 바이러스가 입을 통해 먼저 위장관을 감염시키고 그다음 혈액으로 퍼지며 마지막 단계에서 신경 조직을 공격한다는 것도 그 무렵에야 어렴풋이 깨달았다. 그런 진전을 토대로 백신을 개발하려는 시도가 이어졌다. 그들은 아주 고전적인 방법으로 백신을 개발했다. 19세기 말 파스퇴르가 광견병 백신을 개발할 때, 광견병에 걸려 죽은 토끼의 뇌와 척수를 햇볕에 말려 광견병 걸린 개에 물린 소년에게 접종했던 것처럼 바이러스를 약화시킨 다음 환자에게 투여하는 방법을 선택했다.

먼저 뉴욕 보건 연구소의 모리스 브로디(Maurice Brodie, 1903~1939)가 나섰다. 그는 바이러스를 포르말린에 노출하는 방식으로 백신을 만들었다. 광견병에 걸린 토끼의 뇌와 척수를 햇볕에 말리면 바이러스가 약화할 뿐 죽지 않으니 생백신에 해당했고, 소아마비 바이러스를 포르말린에 노출하면 바이러스가 사멸할 가능성이 커서 사백신에 가까웠기에 엄밀히 따지면 둘의 방법은 다르다고 볼 수 있다.(다만 모리스 브로디는 지나치게 적은 양의 포르말린을 사용해서 결과적으로 바이러스가 죽지 않고 약화한 상태여서 생백신에 해당한다.) 원숭이 실험에서 면역 형성을 확인한 브로디는 열두 명의 아이에게 접종해서 같은 결과를 얻었다. 그러자 3000명의 아이에게 대규모로 예방접종을 시행했다. 비슷한 시기에 필라델피아에서도 존 콜머(John Kolmer, 1886~1962)가 소아마비 바이러스를 나트륨화리신(sodium ricinate)에 노출하여 만든 백신을 대규모로 접종했다. 그러나 두 시험 모두 예방접종 직후 치명적 형태의 소아마비가 발생하거나 면역을 제대로 형성하지 않는 사례가 많이 발생하여 재앙으로 끝난다. 소아마비 바이러스를 충분히 약화시키려면 얼마나 많은 포르말린이나 나트륨화리신에 노출해야 하는지 정확히 알지 못한 채 주먹구구식으로 시험을 진행했기 때문이다.

그래서 진짜 소아마비 백신을 얻기 위해서는 아직 20년 남짓한 시간이 더 필요했다.

유대인에 대해서는 잘못된 믿음이 몇 가지 존재한다. '유대인은 애국심이 강하고 항상 단결한다'는 내용이 가장 대표적이다. 유대교, 기독교, 이슬람교가 공유하는 경전인 구약만 살펴봐도 유대인은 외부의 적에 맞서는 것보다 내부의 투쟁을 즐기는 민족이다. 모세가 유대인을 선동하여 이집트를 탈출할 때부터 틈만 나면 모세의 권력을 빼앗으려는 반란이 일어났다. 팔레스타인에 정착하자 정치 지도자 '사사'와 종교 지도자 '제사장'이 싸웠고 입다의 에브라임 지파 학살(사사인 입다는 자신에게 도전하는 기득권층인 에브라임 지파를 전투에서 물리친 다음 학살했다.) 같은 사건을 반복했다. 초기 왕국에 접어들어서도 상황은 변하지 않았다. 베냐민 지파 출신의 사울과 유다 지파 출신의 다윗은 왕좌를 놓고 치열하게 투쟁했고, 심지어 다윗은 유대인과 사이가 나쁜 페니키아(성경에서는 블레셋)와 협력하는 것도 마다하지 않았다.(페니키아의 거인 장수 골리앗을 쓰러뜨린 사건이 다윗이 유명세를 떨치기 시작한 계기란 것을 감안하면 재미있는 사실이다.) 가까스로 분열을 수습하고 솔로몬의 통치 아래 번성하나

솔로몬이 죽자 왕국은 다시 북쪽과 남쪽으로 분열했다. 예수가 등장할 무렵도 마찬가지였다. 현세 중심이며 은근히 무신론적인 사두개파, 경건하고 영혼의 불멸을 믿는 바리새파, 혈통은 유대인이나 문화적으로는 그리스-로마에 가까운 헤롯 왕가, 군사 봉기를 통한 독립 국가 건설을 주장하는 열심당으로 나뉘어 격렬하게 대립했다. 현대에도 그런 상황은 변하지 않아 '유대인 국가'를 건설하려는 독립 전쟁 때도 파벌 간 총격전이 벌어졌다.

다음으로 '유대인은 팔레스타인에서 쫓겨나 2000년간 방랑했다'는 내용도 잘못된 믿음이다. 66년부터 135년까지 유대인이 세 번이나 로마 제국에 저항하는 반란을 일으키고 패배하여 적지 않은 사람이 추방당하긴 했으나 그 후에도 상당수의 유대인이 기독교도, 이슬람교도와 함께 여전히 팔레스타인에 거주했다. 따라서 2000년간 팔레스타인을 떠나 방랑하던 유대인이 20세기 중반 갑작스레 돌아와 '유대인 국가'를 건설한 것은 아니다. 역사를 살펴보면 로마 제국 이전에도 유대인은 지중해 세계의 방랑자였다. 많은 유대인이 팔레스타인을 떠나 이집트, 그리스, 이탈리아에 정착하여 공동체를 형성했다. 중세와 르네상스에 접어들며 그런 성향은 한층 도드라져 유럽과 북아프리카뿐만 아니라 인도와 중국에도 공동체를 만들었다. 그렇게 넓게 퍼져 많은 공동체를 만들면서 유대인은 아주 다양한 정체성을 획득했다. 분명히 인종적으로는 같은 유대인이나 도저히 같은 민족이라 생각할 수 없을 만큼 서로 이질적인 사례도 많다. 18~19세기를 지나면서 그런 간극은 더욱 커져 금융업에 종사하는 영국 유대인, 보헤미아(체코)에서 상인과 귀금속 세공인으로 성공한 유대인, 북아프리카와 중동의 무슬림 사회에서 고리대금업자와 의사로 활동하는 유대인은 서로 너무 달라 쉽게 친해질 수 없었다. 또 유대인 상당수가 차별에도 불구하고 교육 수준이 높고 부유했으나 폴란드와 러시아에는 가난하고 교육받지 못한 유대인이 많았다. 물론 이런 다양한 유대인 집단이 서로 마주칠 기회는 거의 없었다.

그러나 19세기 미국이 대규모로 이민자를 받아들이자 상황이 달라졌다. 미국이란 신세계에 도무지 서로 같은 민족이라 생각할 수 없는 다양한 유대인 집단이 모였다. 특히 뉴욕은 수염을 길게 기르고 검은 모자를 쓴 정통파부터 부유한 상인, 거리의 깡패, 촉망받는 권투 선수까지 '모든 종류의 유대인'이 모였다. 그런 다양한 유대인 가운데 폴란드 출신의 정통파는 가장 가난하고 교육받지 못한 부류였다.

다니엘 소크와 도라 소크 부부도 그랬다. 둘은 정규 교육을 거의 받지 못한 폴란드계 유대인이었다. 다만 아주 성실하고 근면했으며 정통파 유대인임에도 자녀에게 세속 교육을 허락했을 뿐만 아니라 큰 관심을 기울였다. 부부의 열성 덕분에 아들 조너스 소크는 가문 최초로 대학에 입학했다. 대학을 졸업하고 로스쿨에 입학하여 최종적으로 변호사가 되는 것이 조너스의 목표였다. 고등학생 무렵부터 '인간에 관한 일과 인간을 둘러싼 일'에 관심이 많던 터라 놀라운 선택은 아니었다. 하지만 어머니인 도라는 아들의 선택을 탐탁하지 않게 생각했다. 그가 반대한 이유는 간단했다. 조너스는 재기발랄했으나 정작 논쟁에서는 어머니인 도라도 이기지 못했기 때문이다. 조너스 역시 어머니의 지적을 수긍하고 목표를 바꾸었다. 그래도 조너스는 여전히 '인간에 관한 일과 인간을 둘러싼 일'을 하고 싶어 의학을 선택했다. 변호사와 의사 모두 인간을 둘러싼 일을 하는 직업이란 것은 다르지 않기 때문이다.

의대생 시절부터 인플루엔자 백신 개발에 관심을 가진 조너스는 의과대학을 졸업하고 임상 의사 대신 의학자의 길을 선택했다. 조너스는 미시간 대학에서 군용 인플루엔자 백신을 개발하는 연구에 참여했다. 마침 2차 세계 대전이 발발해서 인플루엔자 예방접종 연구에 많은 관심과 지원이 모아졌고, 전쟁이 끝난 후 조너스는 거기서 얻은 경험을 바탕으로 소아마비 연구에 나섰다.

1947년 피츠버그 대학의 바이러스 연구팀을 맡은 조너스 소크는 새로운 관점에서 소아마비 백신 개발에 착수했다. 이전까지 백신은 '약화한 바이러스'를 이용했다. 모리스 브로디 역시 포르말린을 이용하여 '약화한 소아마비 바이러스'를 아이들에게 접종했다. 그러나 조너스 소크는 대량의 포르말린을 사용하여 아예 '죽은 바이러스'를 접종하는 방식을 주장했다. 그런 방식은 부작용으로 실제 질병이 발생하는 위험에서 자유로우나, 면역을 형성하지 못해 예방접종의 근본적인 목적을 달성하지 못할 가능성도 있었다. 그래서 소아마비 바이러스를 죽이기에는 충분하나 소아마비 바이러스의 시체(바이러스의 단백질 구조)까지 파괴하여 면역을 형성하지 못할 만큼 지나치지 않은 양의 포르말린을 투여하는 것이 조너스의 목표였다. 조너스는 인플루엔자 백신을 개발하면서 얻은 경험을 이용하여 대담하고 신속하게 연구를 진행했다. 앞서 살펴봤듯 1950년대 초반 소아마비는 심각한 사회 문제에 해당해서 막대한 지원이 따랐던 것도 조너스 소크에게는 큰 행운이었다.

드디어 1954년 조너스 소크는 소아마비 백신을 완성했다. 1950년대에는 아직 임상 시험 절차가 완벽히 확립되지 않았고 윤리위원회 같은 기구도 없던 터라 조너스 소크는 아주 고전적인 방법으로 자신의 백신이 안전하다는 것을 증명했다. 자신과 아내, 그리고 자녀에게 가장 먼저 백신을 투여한 것이다. 그러고는 1955년부터 미국 전체를 대상으로 대규모 예방접종을 시행했다. 재앙으로 끝난 1930년대의 소아마비 예방접종을 떠올리며 걱정하는 사람도 적지 않았으나 1955년 연간 2만 9000건에 해당하던 소아마비 발생이 2년간 대규모 예방접종을 시행한 후에는 6000건으로 감소했다. 조너스 소크는 단번에 전국적인 유명 인사가 되었다. 인터뷰 요청이 쏟아졌고 행사가 줄을 이었다. 그럴 때마다 기자의 가장 큰 관심은 특허였다. 백신의 특허가 누구에게 있느냐, 백신으로 수익을 얻으면 어떻게 분배하느냐가 기자뿐만 아니라 모두의 관심사이기도 했다. 은근히 유명세를 즐기던 조너스 소크는 가장 극적인 순간을 기다려 멋진 대답을 남긴다.

"특허 따위는 없어요! 당신네는 태양을 특허 낼 수 있습니까?"

자수성가한 여느 유대인처럼 조너스 소크도 야망이 컸다. '로 스쿨을 졸업하여 변호사가 되겠다'는 것이 처음 목표였던 것도, 그 목표 대신 의과대학을 선택한 것도, 임상 의사 대신 백신을 연구 하는 의학자가 된 것도 모두 성공하고 유명해지고 싶은 의도였다. 소아마비 백신을 개발하면서 바이러스를 약화시켜 투여하는 대 신 죽은 바이러스를 투여한 것도 그 방법이 위험이 적고 인플루엔 자 백신을 만들던 경험을 이용하여 빨리 개발할 수 있었기 때문 이다. 최초의 소아마비 백신을 개발하여 '소아마비 퇴치의 아버지' 란 영광스러운 호칭을 얻는 것이 목표였고, 내심 노벨상을 바랐다.

그러나 조너스 소크의 목표는 절반만 이루어졌다. 그는 최초의 소아마비 백신을 개발했고 짧은 시간 유명세를 떨쳤으나, 1957년 앨버트 세이빈(Albert Sabin, 1906~1993)이 경구용 소아마비 백신을 개발하자 상황이 달라졌다. 조너스 소크의 소아마비 백신은 주사 인 반면, 살아 있는 바이러스를 사용한 세이빈의 소아마비 백신은 먹는 형태라 훨씬 투여하기 쉽고 효과도 강력했다. 덕분에 '소아마 비 퇴치의 아버지'란 칭호는 소크가 아니라 세이빈에게 돌아갔다. 또 소크와 세이빈 모두 노벨상을 받지 못했다.

다만 조너스 소크는 별다른 의도 없이 던진 말 덕분에 오늘에 도 크게 존경받는다. '특허 따위는 없어요! 당신네는 태양을 특허 낼 수 있습니까?' 소아마비 백신의 특허를 누가 관리하며 그 수익을 어떻게 분배할 것인지 집요하게 묻는 기자에게 약간 화난 듯 던진 이 대답이 괴물 같은 다국적 제약 회사가 지배하는 오늘에 큰 울림을 주기 때문이다. 제약 회사의 이윤 추구 자체가 나쁘지는 않다. 제약 회사의 규모가 클수록 신약 개발에 투여할 수 있는 자원도 많아 더 빨리 효과적인 약을 찾을 가능성도 크다. 그러나 제약 회사가 특허를 악용하여 항생제, 항암제, 백신 같은 필수 의약품을 지나치게 비싸게 파는 것은 단순한 도덕의 문제가 아니라 많은 생명을 위태롭게 하는 '사실상의 범죄'다. 물론 조너스 소크가 정말 그런 깊은 뜻으로 말했을 가능성은 크지 않지만 말이다.

조너스 소크 *Jonas Salk, 1914~1995*

미국의 의학자. 1914년에 태어나 1995년에 사망했다. 뉴욕 대학 의학부를 졸업했고 1946년 미시간 대학 전염병학 교수로 있으면서 인플루엔자 백신을 만들었다. 그 경험을 바탕으로 1950년대에 최초의 상용화한 소아마비 백신을 개발하여 프랭클린 루스벨트 대통령을 비롯하여 많은 사람에게 장애와 죽음을 안긴 소아마비의 통제에 크게 기여했다. 안타깝게도 노벨 의학상은 수상하지 못했지만 미국에서 민간인에게 수여하는 최고 훈장인 대통령 자유 훈장(Presidential Medal of Freedom)을 받았다. 1960년 샌디에이고에 자신의 이름을 딴 소크 생물학 연구소(Salk Institute for Biological Studies)를 설립해 암과 후천성면역결핍증(AIDS) 연구에 힘썼다.

우선순위를
정하라

도미니크 장 라레

Dominique-Jean Larrey, 1766~1842

1

혼자서 둘과 싸워 이기기는 매우 어렵다. 주정뱅이 둘이라면 몰라도 멀쩡한 상대라면 시시껄렁한 부랑아 둘도 혼자서는 이기기 어렵다. 하물며 상대가 노련한 싸움꾼 둘이면 가능성은 매우 희박하다. 그러나 완전히 불가능한 것은 아니다. 둘이 동시에 덤비는 상황을 피하고 하나씩 상대하면 이길 수도 있다. 물론 말처럼 간단하지도 않고 쉽지도 않다. 그러나 타고난 싸움꾼, 좀처럼 패배를 모르는 자, 희망이 없는 듯한 상황에서도 기적의 승리를 거두는 자라면 또 이야기가 다르다. 그래서 그런 자를 적으로 만날 때는 각별히 조심해야 한다. 설령 상대가 혼자이고 우리는 둘이라도 상대가 둘이며 우리가 혼자인 것처럼 생각해야 한다.

그래서 몇 주 전부터 웰링턴의 머리는 복잡했고 마음에는 근심이 가득했다. 그가 군대를 이끌고 마주할 상대가 당대 최고의 싸움꾼이기 때문이다. 솔직히 말하면 당대 최고에 그치지 않고 알렉산더 대왕이나 한니발에 비견할 만한 군사적 천재다. 더구나 상대가 동원할 군대는 시시껄렁한 오합지졸이 아니다. 이집트의 사막부터 러시아의 얼어붙은 평원까지 진군하며 10년 넘게 전투에 단련된 군대다. 물론 다행히 수적으로는 아군이 유리하다. 웰링턴이 이끄는 영국군과 동맹인 프로이센군을 합치면 상대, 그러니까 위대한 나폴레옹 보나파르트가 이끄는 프랑스군의 두 배보다 조금 적다. 하지만 그가 이끄는 영국군과 프로이센군은 따로 진군하여 전장에서 만나야 했다.

그러니 나폴레옹은 영국군과 프로이센군이 합류하기 전에 하나씩 격파하려 했고, 웰링턴이 이끄는 영국군을 먼저 공격해 왔다. 나폴레옹과 웰링턴이 이끄는 병력의 숫자는 비슷했지만 대포의 숫자는 프랑스군이 많았다. 그래서 웰링턴은 나폴레옹의 박자로 전투가 흘러가는 것을 경계해서 섣불리 공격에 나서지 않고 방어에 치중했다. 어차피 시간은 그의 편이었으니 방어를 견고하게 해서 프로이센군이 도착할 때까지 버티기로 마음먹은 것이다.

하지만 나폴레옹의 프랑스 육군을 상대로 버티기란 쉬운 일이 아니다. 웰링턴은 유리한 지형에 군대를 배치하는 것에 성공했으나 프랑스군의 공격은 집요했다. 웰링턴의 영국군은 크게 밀리지 않고 대등하게 싸웠지만 참모와 함께 전장을 지켜보는 그의 얼굴에는 수심이 가득했다.

"각하, 프랑스 녀석들의 표정이 볼만할 듯합니다."

참모가 용기를 내어 말했다. 물론 정말 프랑스군 수뇌부의 난처한 표정을 예상하고 내뱉은 말은 아니다. 그보다는 전투 상황이 그리 불리하지 않음에도 웰링턴의 얼굴이 지나치게 어두운 것이 의아해서 말했을 것이다. 웰링턴도 그런 사실을 모르지 않았다. 그와 참모들 모두 영국인이라 늘 그런 식으로 완곡하게 말했으니까.

"글쎄, 귀관은 왜 그렇게 생각하나?"

웰링턴은 참모를 바라보며 말했다. 참모는 적절한 대답을 찾지 못했다.

"자네야말로 난처한 표정이 되었군."

웰링턴은 짧게 미소 짓고는 말을 이었다.

"아직 적 기병대가 돌격하지 않았네. 미셸 네가 이끄는 기병대 주력이 움직이지 않았지. 그리고 근위대도 마찬가지일세. 기병대의 돌격과 근위대의 참전이 없었으니 지금 상황에 만족할 수 없네."

그제야 참모가 고개를 끄덕였다. 그리고 그때 프랑스군 진영에서 변화가 있었다. 갑작스레 큰 먼지가 끓어올라 멀리서는 무슨 일인지 보이지 않았으나 웰링턴은 그것이 무슨 뜻인지 잘 알았다. 기병대의 돌격이다. 미셸 네가 이끄는 프랑스 기병대가 드디어 돌격을 시작했다. 그런데 무엇인가 이상했다. 정말 기병대만 돌격했다. 기병의 치명적 약점을 보완할 보병의 보조 없이 수천의 기병만 돌격한 것이다.

"포병에게는 대포를 버려두고 포수만 안전한 장소로 퇴각하도록 전하게. 그리고 보병에게는 방진(사각형으로 배치한 진)을 형성하도록 하고."

웰링턴의 말이 끝나기 무섭게 전령이 출발했다. 기병만 돌격하다니 심각한 실수다. 기병의 돌격은 전열을 무너뜨리고 후퇴하는 적을 추격하기에는 효과적이다. 그러나 보병이 단단한 방진을 형성하고 총검을 이용하여 방어하면 기병으로는 무너뜨릴 수 없다. 다만 방진은 많은 병사가 좁은 장소에 빽빽하게 모인 것이라 대포와 소총 사격에 매우 취약하다. 그래서 기병은 혼자서 돌격하지 않는다. 적의 보병이 방진을 형성하는 상황을 대비해서 반드시 보병

190

의 보조를 받으며 돌격한다. 그런데도 프랑스 기병은 보병 없이 홀로 돌격한 것이다. 그러니 방진만 튼튼하게 형성하면 제풀에 지쳐 퇴각할 것이 틀림없다. 웰링턴은 승리의 여신이 희미하게 미소 짓는 것을 느꼈다.

그때 망원경에 색다른 모습이 보였다. 마차 한 대가 전장으로 미친 듯이 질주하다 멈추더니 황급히 내린 병사들이 들것을 이용하여 부상자를 마차에 실었다. 그러고는 전선에서 조금 떨어진 곳으로 사라졌다가 이내 다시 돌아왔다. 프랑스군이 자랑하는 구급마차였다. 이전에도 웰링턴은 전장에서 용감하게 부상자를 후송하는 프랑스군 의무대를 본 적이 있었다. 특히 프랑스군 의무대는 병사뿐만 아니라 의무감이 직접 구급마차에 동행할 때가 많았다. 의무감이면 안전한 곳에 머물다가 전투가 끝난 후에야 부상자를 수습하기 마련인데, 프랑스군 의무감은 용감하게도 전선을 누볐다. 이번에도 그랬다. 들것으로 부상자를 옮기는 병사들 사이로 중년 남자가 보였다. 아무래도 그 용감한 프랑스 의무감인 듯했다.

"구급마차에는 사격하지 않도록 명령을 전달하게."

웰링턴은 차분한 목소리로 말했다. 적의 의무대를 사격하지 말라는 명령에 참모들은 약간 당황했다. 굳이 그럴 필요까지 있을까?

"용감하고 명예로운 적군이네. 부상자를 후송할 시간을 주어도 나쁘지 않아. 저런 용기와 헌신은 이제 찾아보기 힘들지 않나."

웰링턴은 특유의 차분한 목소리로 말했고 새로운 명령을 전달하기 위해 참모는 서둘러 전령을 준비했다. 그러는 동안 미셸 네 장군이 이끄는 프랑스 기병대는 영국 보병의 방진을 무너뜨리지 못하고 퇴각하기 시작했다. 워털루 전투 승부의 추가 영국군으로 기울기 시작한 순간이었다.

보병과 기병으로 이루어진 군대의 구성은 고대부터 19세기 초반까지 큰 변화가 없었다. 중세 후기와 르네상스를 지나면서 화약 무기가 개발되어 포병이 추가되고 보병이 총기로 무장하기 시작했으나 전투의 성질은 크게 변하지 않았다. 요새나 성을 포위하여 공격하는 경우를 제외하면 양쪽 군대가 전장에서 만나 아주 가까운 거리까지 접근하여 싸웠다. 여기서 가까운 거리는 100미터 이하를 의미하니 현대의 전장과는 사뭇 달랐다. 화약 무기가 보급된 나폴레옹 1세가 활약하던 19세기 초반까지도 최대 100미터, 실제로는 30~40미터까지 접근한 뒤 본격적인 전투가 벌어졌다. 그 이유는 17세기부터 19세기 초반까지 널리 사용한 머스킷 소총과 현대의 라이플 소총이 완전히 다르기 때문이다.

현대의 라이플 소총은 후장식이고 탄두와 화약을 일체화한 탄환을 사용한다. 따라서 탄두와 화약이 결합된 금속제 탄환을 총의 뒤쪽으로 장전하여 발사한다. 그러나 17세기부터 19세기 초반까지 널리 사용한 머스킷 소총은 전장식이고 오늘날과 달리 탄두와 화약이 분리되어 있었다. 그래서 총을 발사하려면 복잡한 과정을 거쳐야 했다. 먼저 탄약 배낭에서 탄약을 꺼낸다. 이 탄약은 지금과 달리 종이 포장지 안에 화약과 납으로 만든 탄두가 들어 있는 형태였다. 치아를 사용해 그 종이 포장지를 뜯어 화약을 먼저 총의 앞쪽, 그러니까 총구를 통해 넣는다. 그런 다음 납으로 만든 탄두를 역시 총구를 통해 밀어 넣는다. 그러고는 탄약의 종이 껍데기까지 총구에 쑤셔 넣고는 금속 막대를 총구에 밀어 넣어 다져 준다. 그러면 총구 방향을 기준으로 종이, 탄두, 화약 순서로 차곡차곡 다져진다. 이래야 비로소 발사 준비가 끝난 것이다. 이제 머스킷 소총을 집어 들고 목표를 겨냥한 다음 방아쇠를 당기면 화약이 폭발하면서 납으로 만든 탄두가 날아간다.

물리학 혹은 기계공학을 잘 아는 사람은 이미 알아차렸겠으나 현대의 후장식 소총과 비교하여 전장식 머스킷 소총은 총알을 발사하는 과정에서 에너지 손실이 컸다. 더구나 당시 사용한 흑색 화약은 현대의 무연 화약보다 폭발력이 약하다. 또 전장식 소총은 강선을 만들기 어렵다. 총열에 강선이 있으면 발사한 탄두, 즉 총알이 회전하면서 날아가기 때문에 공기 저항을 적게 받는다. 반대로 총열에 강선이 없으면 총알이 회전하지 않고 날아가서 공기 저항을 크게 받아 명중률도 낮고 파괴력도 작다. 그래서 17세기부터 19세기 초반까지는 100미터까지 접근해야 소총 사격으로 적에게 타격을 입힐 수 있었고 30~40미터가 피해를 극대화할 수 있는 거리였다. 덧붙여 아주 숙련한 병사도 1분에 두 발 정도만 발사할 수 있었다.(전투의 긴장한 상황을 고려하면 1분에 한 발도 어려울 때가 적지 않았다.)

그래서 나폴레옹 시대의 전투는 오늘날과 완전히 달랐다. 양쪽 포병이 쏜 대포가 불을 뿜는 가운데 질서 정연하게 사각형 모양 대열을 만든 보병이 북소리에 맞춰 진격한다. 그러다가 100미터 이내까지 도달하면 사격을 시작했다. 오늘날의 총격전처럼 엄폐물에 몸을 숨기고 분당 수십 발, 수백 발을 쏘아 대는 것이 아니라 상대의 작은 손짓도 보이는 거리까지 접근해서 선 상태로 서로를 향해 사격했다. 그렇게 사격을 주고받다가 때로는 머스킷 소총에 총검을 꽂아 백병전을 벌이기도 했고, 먼저 대열이 흐트러지는 쪽이 패배한 것으로 보았다. 그런 전투에서 기병의 역할은 기동력을 이용하여 적군 보병을 측면이나 후방에서 공격하거나 돌격하여 대열을 흩트리는 것, 혹은 이미 대열이 흐트러진 적을 추격하는 정도였다.

이렇게 대부분의 전투가 매우 가까운 거리에서 벌어졌기 때문에 전장의 모습은 아주 참혹했다. 전사자만 있다면 차라리 덜 참혹했을 것이다. 머스킷 소총의 커다란 납탄에 맞아 팔과 다리가 부러지고 총검에 복부가 찔려 내장이 흘러나오고 포탄에 맞아 양쪽 정강이가 부러져 허연 뼈가 밖으로 튀어나온 부상자가 여기저기에서 신음하고 소리치는 장면은 지옥이나 다름없었다.

물론 그 시대에도 군의관과 의무대, 야전병원은 존재했다. 그러나 한창 전투가 벌어지는 도중에 부상자를 후송하거나 치료하는 사례는 극히 드물었다. 19세기 초반까지 부상자는 전투가 끝난 후에야 수습되어 야전병원으로 옮겨졌고 그제야 군의관의 치료를 받을 수 있었다. 전투가 몇 시간 만에 끝나는 사례가 드물고 일반적으로는 며칠씩 지속했다는 사실을 감안하면, 대부분의 부상자는 너무 늦게 치료받을 수밖에 없었다.

그러니 부상은 곧 죽음을 의미했다. 당시 항생제는 존재하지 않았고 상처 감염의 원인이 세균이란 것도 알지 못하여 상처를 깨끗하게 유지하는 기본적인 개념도 확립되지 않았다. 사혈 요법 같은 대부분의 치료는 부상자를 치료하는 것이 아니라 오히려 죽음을 재촉했다. 아편을 투여하여 고통을 덜어 주는 것이 몇 안 되는 의미 있는 치료였다. 물론 총알과 포탄을 맞거나 총검에 찔려 너덜너덜해지고 전장의 흙 같은 더러운 물질로 오염된 상처 부위가 팔이나 다리라면 '절단'은 가능했다. 그런 더러운 상처는 감염 위험이 높아 차라리 절단해 버리면 몇몇은 목숨을 구할 수 있었다. 하지만 대부분 전투가 끝날 때까지 상처를 입은 채 며칠씩 방치되었고, 그 경우 절단도 소용없었다.

그런데 나폴레옹 보나파르트가 아직 황제가 아니라 공화국의 장군이던 무렵 '프랑스군은 부상당해도 살 수 있다'는 소문이 퍼지기 시작했다. 도미니크 장 라레라는 군의관의 이름과 함께.

도미니크 장 라레는 1766년 평범한 신발장이의 아들로 태어났다. 1789년 프랑스 대혁명이 일어나기 전이라 아직 엄격한 신분 제도가 공고하던 사회에서 장 라레는 3신분, 그러니까 평민에 속했다. 또 어린 시절 아버지가 사망하면서 궁핍한 시절을 견디어야 했다. 그래도 영아 사망률이 대단히 높고, 그 시기를 넘겨도 성인에 이르지 못하고 사망하는 사례가 많던 그 시대에 운 좋게 건강히 자란 장 라레는 외과 의사였던 삼촌 아래에서 의학 교육을 받기 시작했다. 열아홉 살의 나이로 의학 교육을 마친 장 라레는 프랑스 해군 군의관으로 외과 의사의 삶을 시작한다. 이 무렵까지도 장 라레의 삶은 특별하지 않았다. 운이 좋으면 승진하거나 약간의 재산을 모을 수 있겠으나 그래도 여전히 3신분이었을 것이다.

그런데 장 라레가 젊은 외과 의사로 경력을 쌓아가던 1789년 프랑스 혁명이 일어났다. 해군 군의관이었지만 당시 파리에 머무르던 장 라레는 유명한 바스티유 감옥 습격에도 동참한다. 그런 행동으로 알 수 있듯 장 라레는 열렬한 혁명파였고 자연스럽게 혁명군에 자원했다. 평민이 왕과 왕비를 처형하고 귀족을 몰아내는 프랑스 대혁명에 경악한 유럽의 군주들은 사악한 폭도를 진압하고 신이 내린 질서를 다시 세우겠다는 명목으로 군대를 파견하였고, 이렇게 신생 프랑스 공화국은 끝없는 전쟁에 시달렸다.

열렬한 애국자이며 대담한 외과 의사였던 장 라레는 숱한 전쟁과 전투를 통해 경험을 쌓고 점점 노련해졌다. 그러면서 그는 아주 중요한 사실을 깨달았다. 앞서 언급했듯, 당시에는 부상자를 신속하게 후송하지 않고 전투가 일단락할 때까지 전장에 방치했다. 운 좋게 전투가 몇 시간 만에 끝나더라도 심하게 손상된 팔과 다리를 바로 절단하지 않고 며칠 정도 기다린 후 절단했다. 그러나 그렇게 시간이 흐른 후 팔과 다리를 절단하면 환자 대부분은 고열에 시달리다 사망했다. 장 라레는 심하게 부상 입은 팔과 다리가 처음에는 그래도 정상적인 피부색을 보이지만, 시간이 경과할수록 썩은 고기처럼 검붉게 변하고 악취가 나며 부어오르다가 흐물흐물해지는 것을 발견했다. 그래서 '전투가 끝날 때까지 기다리지 않고 부상자를 즉시 후송하여 최대한 빨리 손상한 팔과 다리를 절단한다'는 새로운 원칙을 세웠다. 기존의 주류 이론과 충돌하는 주장이라 평소라면 만만치 않은 반대에 부딪혔겠으나 프랑스 대혁명으로 기존 질서가 무너지는 혼란기였던 덕분에 열렬한 애국심을 지닌 혁명파 장 라레의 주장을 반박하는 사람은 드물었다.

그러나 부상자를 신속하게 후송하는 것은 말처럼 단순하지 않았다. 병사를 보내 들것으로 실어 나르는 방법은 느리고 적의 사격 목표가 될 가능성도 있었다. 장 라레는 전장에서 그 문제의 해결 방법을 찾았는데, 포병이 말을 이용하여 대포를 이동하는 것을 보고는 '구급마차'를 떠올렸다. 빠른 속도를 위해 최대한 가볍게 만든 마차에 들것, 물, 붕대를 싣고 전장을 질주하며 부상자를 수술이 가능한 가장 가까운 지점까지 후송하는 것이다.

장 라레는 이런 개념을 곧 실행에 옮겼다. 대혁명 이후 프랑스는 크고 작은 전쟁에 끝없이 휩쓸렸기에 새로운 시도를 실험할 곳은 아주 많았다. 장 라레의 기대처럼 구급마차는 전장에서 아주 효율적이었다. 총탄이 빗발치는 전장을 누비면서 부상자를 효과적으로 실어 날랐다.

그런데 언제나처럼 예상하지 못한 문제가 드러났다. 의무병이 마구잡이로 부상자를 실어 나르다 보니 팔과 다리에 심한 부상을 입어 빠른 수술이 필요한 부상자를 전장에 방치하고 아주 경미한 손상을 입어 수술이 필요하지 않거나 너무 부상이 심해서 도저히 살릴 가망이 없는 환자를 후송하는 상황이 자주 발생했다. 이번에도 장 라레는 전장에서 영감을 얻어 해결 방법을 찾았다. 전투에서는 무턱대고 가장 가까운 적을 공격하는 것이 아니라 그 상황에서 가장 큰 성과를 올릴 수 있는 적부터 공격한다. 즉 우선순위가 있다. 장 라레는 부상자의 후송에도 이런 우선순위를 정했다. 빠르게 후송하여 신속하게 수술하면 살릴 수 있는 환자, 너무 부상이 심해 생존 가능성이 희박하여 굳이 후송할 필요가 없는 환자, 부상이 경미하여 당장 후송할 필요가 없는 환자로 구분했고 병사들이 쉽게 판별할 수 있도록 색깔이 있는 카드를 부상자의 주머니에 꽂거나 색깔이 있는 천을 부상자에 묶어 구분하는 체계를 만들었다.

이렇게 장 라레가 '구급마차'와 '환자분류법(triage)'을 만들어 적용하자 프랑스군의 부상자 사망률은 크게 감소했다. 물론 항생제가 없고 상처 관리가 조악하던 시절이라 부상자의 사망률은 여

198

Larrey's "Flying Ambulance"

장 라레가 고안한 '날아다니는 앰뷸런스'

장 라레는 구급마차와 환자분류법을 고안하여 항생제가 없던 조악한 시절임에도 부상자의 사망률을 '기적'이라 부를 정도로 낮추어 냈다. 이는 나폴레옹 1세의 무적 신화를 낳은 숨은 공신이다. '부상당해도 살 수 있다'는 믿음을 가진 프랑스군 병사들은 더욱 용맹히 싸웠을 것이기 때문이다.

전히 높았으나 다른 군대와 비교하면 프랑스군의 부상자 사망률은 '기적'이라 부를 만큼 낮아졌다. 이런 변화는 전쟁에도 아주 큰 영향을 끼쳤는데, '부상당하면 전투가 끝날 때까지 전장에 홀로 남겨져 고통받는다'는 두려움을 지닌 병사와 '부상당해도 구급마차가 와서 신속하게 안전한 야전병원으로 후송한다'는 믿음을 지닌 병사는 전투에 임하는 자세가 다를 수밖에 없기 때문이다. 전자보다 후자가 전투의 긴장을 떨쳐 버리고 보다 용감하게 싸울 수 있을 것이 틀림없다.

나폴레옹 보나파르트는 위대한 군인답게 이 부분을 꿰뚫어 봤다. 그래서 장 라레를 발탁하여 구급마차와 환자분류법을 군대 전체에 보급했다. 특히 나폴레옹은 그가 직접 나서는 모든 중요한 전투에 장 라레를 데려갔다. 이탈리아 원정, 이집트 원정, 친위 쿠데타를 일으키고 황제 나폴레옹 1세가 되는 순간 등 숱한 승리와 영광의 시기에 늘 장 라레가 있었다. 부상자를 수술하느라 장 라레가 '황제의 만찬'에 늦자 나폴레옹 1세가 식사를 시작하지 않고 기다렸다는 것은 매우 유명한 일화다. 급기야 나폴레옹은 장 라레에게 남작의 작위를 내려 귀족으로 만들었다. 암담한 실패로 끝난 러시아 원정에도 장 라레는 의무감으로 나폴레옹 1세와 동행했다.

러시아 원정에 실패한 나폴레옹 1세가 라이프치히 전투에서 패배하고 황제에서 물러나 '엘바섬의 군주'로 가면서 장 라레와 나폴레옹 1세의 인연도 끝난 듯했다. 그러나 조그마한 엘바섬을 다스리는 무료함을 견디지 못한 나폴레옹 1세가 프랑스로 돌아와 다시 황제에 오르고 최후의 일전을 벌이려 워털루로 향하면서 장 라레 역시 군대로 돌아왔다.

한때는 프랑스 대혁명의 열렬한 추종자였던 장 라레가 그 무렵 나폴레옹 1세를 여전히 '위대한 해방자'로 생각했는지, 아니면 '타락한 독재자'로 경멸했는지는 알 수 없다. 어쨌거나 장 라레는 군의관으로 자신의 책임을 다했고 높아진 계급과 신분에도 불구하고 구급마차를 타고 전선을 누볐다. 그래서 그 모습을 본 영국군 사령관 웰링턴 장군조차 '구급마차를 사격하지 말라'는 명령을 내렸다.

계급이 높아진 후에도 구급마차를 타고 전장을 누빈 것에서 알 수 있듯 장 라레는 매우 용감했다. 심지어 분노를 통제하지 못해 직접 칼을 휘두르며 적군을 공격할 때도 있었다. 그러나 그러면서도 부상 입은 적군을 치료할 만큼 의사의 본분에도 충실했다.

재미있게도 그 부분이 장 라레의 목숨을 구했다. 워털루 전투의 끄트머리에 나폴레옹 1세가 전장을 이탈하면서 프랑스군은 엉망진창으로 무너진다. 그 와중에 장 라레는 여느 때처럼 분노를 통제하지 못하고 적군에게 돌격하다 부상당하고 프로이센군에게 포로로 잡힌다. 포로로 잡힌 장 라레에게 내려진 판결은 사형이었다. 그런데 장 라레는 이전에 부상당한 젊은 프로이센 장교를 치료하여 목숨을 구해 준 적이 있었고, 그 장교가 공교롭게도 프로이센군 사령관인 블뤼허 장군의 아들이었다. 사형당하려는 순간 프로이센 군의관이 장 라레를 알아봤고, 장 라레가 아들의 은인인 것을 알고 있던 블뤼허 장군은 그를 석방했을 뿐만 아니라 안전하게 귀향하도록 도와주었다.

장 라레가 살던 시기에 팔이나 다리에 심한 부상을 입으면 절단이 유일한 치료법이었다. 부러진 뼈가 근육과 피부를 찢고 밖으로 드러나는 개방성 골절의 경우 상처 감염이 급격히 진행했기 때문이다. 또 당시 의술로는 찢어진 동맥이나 정맥을 복원할 수 없어 뼈를 맞추고 피부를 봉합해도 동맥이 끊어진 부분 아래로는 혈액이 흐르지 못해 곧 괴사가 일어났다. 따라서 차라리 신속하게 손상한 팔과 다리를 절단하는 쪽이 생존 가능성이 컸다. 실제로 1차 세계 대전 무렵까지도 그런 상황에서는 절단이 최고의 치료였다.

나폴레옹 1세의 군의관답게 장 라레는 그 누구보다 많은 절단 수술을 집도했다. 그러나 오늘날에도 사람들이 장 라레를 '위대한 의학자'로 기억하는 이유는 '절단의 대가'라서가 아니라 구급차와 환자분류법을 만들었기 때문이다. 환자를 현장에서 응급실까지 안전하고 신속하게 이송하는 구급차와 '어느 환자부터 치료할 것인가?'를 정하는 환자분류법은 응급 진료에 아주 중요한 요소다. 소생 가능성 없는 환자에게 인력과 자원을 낭비하거나 빠른 치료가 필요하지 않은 경미한 환자를 진료하다가 신속한 치료가 필요한 중환자를 놓치는 일은 어처구니없는 실수이자 악몽과도 같은 일이다. 그래서 오늘날에도 도미니크 장 라레가 부상병을 분류했던 것처럼 환자를 분류한다. 생존 가능성이 없는 환자는 검정, 신속하게 수술이나 시술을 시행하면 살 수 있는 중환자는 빨강, 한두 시간가량 후에 치료해도 문제가 없는 환자는 노랑, 가장 경미한 환자는 녹색으로 분류하는 방법을 오늘날에도 여전히 사용한다. 이 업적으로 장 라레는 '응급 의학의 아버지'로 존경받고 있다.

도미니크 장 라레

Dominique-Jean Larrey, 1766~1842

1766년에 태어나 1842년에 사망한 프랑스의 의학자다. 군의관으로 일했다. 나폴레옹 1세가 지휘한 거의 모든 전투에 참전했고 응급 환자의 분류와 구급대의 개념을 확립했으며 그 업적으로 남작에 올랐다. 워털루 전투에서 프로이센군에 잡혀 처형당할 위기에 처했으나 이전에 프로이센 장군의 아들을 구한 행동 덕분에 목숨을 건졌다. 나폴레옹 1세의 몰락 후에도 위대한 의사로 명성을 유지했다.

북대서양조약기구(NATO)의 군사의료위원회(COMEDS)에서는 그의 이름을 딴 상(The Dominique-Jean Larrey Award)을 제정해 군 의료 서비스 발전에 공헌한 이들에게 수여하고 있다.

모세가 되고 싶었던
남자

지그문트 프로이트
Sigmund Freud, 1856~1939

이집트 18대 왕조의 10대 왕 아케나톤의 원래 이름은 아멘호텝 4세다. 파라오가 되어 본격적으로 권력을 잡은 후 이름을 바꾼 것이다. 원래 이름이 '아문이 기뻐하는 자', 새로운 이름이 '아톤의 영광' 혹은 '아톤의 은총'이란 것을 감안하면 단순히 이름을 바꾼 것이 아니라 그가 다스리는 이집트 전체에 큰 변화가 있었을 가능성이 크다. 실제로 기원전 1353년부터 기원전 1336년까지 이집트를 다스린 아케나톤은 이집트 18왕조의 파라오 가운데 가장 독특한 인물이며 모두가 경악하는 종교 개혁을 단행했다. 아문을 중심으로 하는 전통적인 다신교를 버리고 아톤을 섬기는 새로운 종교를 '제국의 종교'로 삼은 것이다. 정확히 말하면 그저 아톤을 최고신으로 섬기는 것이 아니라 오직 아톤만을 신으로 섬겼다. 아톤은 인간의 모습으로 등장하는 이전의 신들과 달리 태양 혹은 태양을 상징하는 빛나는 원반의 형태를 취했다. 그러니까 아톤은 세계 최초의 '유일신'이며 아케나톤은 '세계 최초의 유일신론자'다.

유일신론을 중심으로 하는 종교 개혁은 큰 반발을 불렀다. 당시 이집트는 '신의 화신'인 파라오와 사제들이 함께 다스리는 신정 국가에 가까웠다. 그래서 기존 종교에서 부와 권력을 누리던 사제들은 아케나톤의 개혁에 반발할 수밖에 없었다. 그런 상황에도 아케나톤은 거칠게 개혁을 밀어붙였고 아톤을 섬기는 새로운 신전과 새로운 도시를 건설했다. 그러자 일반 백성도 무리한 토목 공사에

질려 아케나톤과 새로운 종교에 등을 돌렸다.

결국 역사를 장식한 여느 몽상가처럼 아케나톤은 암살당했다. 아케나톤의 죽음과 함께 새로운 종교는 사라졌고 예전의 신앙이 돌아왔다. 그러나 아케나톤의 죽음과 종교 복고에도 정치적 혼란은 끝나지 않았다.

그런 혼란기에 새로운 몽상가가 나타났다. 그도 아케나톤처럼 특권 계급에 속했다. 파라오의 친척 혹은 아주 가까운 측근에 해당했고 어릴 때부터 '제국을 다스리는 자'로 교육받았다. 아케나톤에 버금가는 몽상가였던 그는 유일신론에 대한 미련을 버리지 못했다. 인간의 모습을 한 다양한 신이 인간이나 다름없이 서로 미워하고 사랑하고 질투하고 싸우는 종교가 아닌, 인간과 완전히 다른 모습의 전지전능한 절대자가 존재하는 종교의 매력은 뿌리치기 힘들었다. 그러나 아케나톤의 비극적 죽음 후 이집트에서 유일신론을 되살리는 것은 가능하지 않았다. 그래서 그는 노예, 히브리인이라 불리는 보잘것없는 집단에 눈을 돌렸다. 마침 노예를 감독하는 일을 맡은 그는 조금씩 '전지전능한 절대자가 약속하는 자유로운 낙원 사상'을 히브리인에게 주입했고 급기야 탈주를 선동했다.

히브리인의 탈주는 성공하여 그들은 시나이반도의 사막에 도착했다. 그러나 '모세'란 이름의 이집트인 귀족은 몽상가이며 훌륭한 선동가였으나 현실적인 지도자는 아니었다. 아케나톤처럼 그도 거칠고 성급했다. 그는 히브리인에게 유일신론에 맞는 가혹한 규율을 강제했고, 분노한 히브리인은 봉기하여 모세를 살해했다.

그런 다음 히브리인은 그들 가운데서 새로운 지도자를 선출했다. 그러나 새로운 지도자 아래서도 히브리인의 삶은 가혹했다. 사막의 거친 환경을 이겨 내야 했고 적대적인 유목민과도 싸워야 했다. 유일신론이란 괴상한 신앙을 지닌 것을 제외하면 무엇 하나 특별하지 않은 오합지졸에 불과했던 히브리인은 시나이반도의 사막을 쫓겨 다녔다. 그러다가 운 좋게 이방인에게 온정적인 부족을 만났다. '미디안'이라 불리는 그 부족은 독특하게도 화산을 신으로 섬겼다. 정확히 말하면 화산이 뿜어내는 화염을 섬겼고 그 신의 이름은 '야훼'였다. 시간이 흐르면서 히브리인과 미디안은 하나의 공동체를 이루었고 천신만고 끝에 그들은 팔레스타인에 정착했다.

물론 팔레스타인에 정착하는 것도 쉽지 않았다. 그들보다 뛰어난 문명을 이룩한 페니키아인이 먼저 자리를 잡고 있었을 뿐만 아니라 팔레스타인 지역은 파라오의 군대가 메소포타미아로 진격하는 통로면서 동시에 메소포타미아의 거친 정복자가 이집트를 침략하는 통로였다. 그럼에도 히브리인은 끈질기게 살아남았고, 이집트를 탈출하여 팔레스타인에 정착한 과정을 신화와 전설로 만들었다.

만들어진 그 신화에서 초기에 탈출을 이끌었으나 살해당한 이집트인 귀족과 그다음 뽑힌 히브리인 지도자가 하나의 인물로 합쳐졌다. 그렇게 '히브리인으로 태어났으나 이집트 공주의 양자가 되어 제국을 다스리는 자로 교육받고, 성인이 되어 자신의 정체성을 되찾아 위대한 지도자가 된 인물' 모세가 탄생했다. 또 그들은

아케나톤의 유일신론에 미디안이 믿던 화염의 신을 합쳐 전지전
능한 '야훼'를 만들었다.

정통파 유대인과 보수적인 기독교인 모두 '신성 모독'이라며 분
노할 이런 이야기를 누가 떠올렸을까? 반항적인 신학자? 상상력
넘치는 신화학자? 솜씨 좋은 소설가? 천만에. 이 도발적이면서도
기발한 이야기를 떠올린 사람은 정신과 의사다. 윗글은 지그문트
프로이트, 오늘날 우리가 떠올리는 정신 의학의 전형을 만든 고집
세고 오만한 유대인의 마지막 저작 『모세와 유일신론(Moses and
Monotheism)』을 간추린 내용이다.

바빌론, 알렉산드리아, 다마스쿠스, 로마, 콘스탄티노플, 이스
탄불, 베네치아, 런던. 이 도시들은 모두 제국의 수도로 번영을 누
렸다. 또 이들은 단순히 정치·경제적으로만 번영했던 것이 아니라
문화적으로도 최고의 지위를 누렸다. 제국의 강력한 힘과 막강한
부를 바탕으로 다양한 민족과 종교가 어우러져야만 시대를 이끄
는 문화를 꽃피울 수 있기 때문이다. 다만 제국의 정치·경제적 절
정과 문화적 절정이 항상 함께 도래하지는 않는다. 제국이 정치·
경제적으로는 내리막에 접어들었을 때, 오히려 문화는 절정으로
치닫는 경우가 종종 있다. 정치 권력과 막대한 부를 모두 지닌 가

문이 서서히 몰락할 때, 가문이 지닌 문화적 유산만큼은 거의 마지막 순간까지 빛나는 것과 비슷하다.

19세기 중반부터 1차 세계 대전 이전까지 빈도 그랬다. 빈의 주인인 합스부르크 왕가는 한때 '신성 로마 제국 황제', 그러니까 신의 종교적 대리인인 교황과 더불어 신의 세속적 대리인으로서 유럽을 다스렸다. 프랑스를 다스리는 부르봉 왕가가 질투를 이기지 못하고 '기독교도의 왕'이란 괴상한 칭호를 만들었을 만큼 그들의 위세는 대단했다. 따지고 보면 오스만 튀르크 제국의 침공을 막아내고 유럽을 지킨 것도 합스부르크 왕가였다.(오스만 튀르크 제국의 해군은 레판토 해전에서 유명한 '무적함대'에 대패했고, 육군 역시 수차례 빈을 공격했으나 번번이 격퇴당했다.)

그러나 나폴레옹 전쟁을 기점으로 합스부르크 왕가는 확연히 내리막에 접어든다. 1859년에는 프랑스에 패배해서 이탈리아의 권리를 빼앗겼고 1866년에는 프로이센에게 밀려 독일에 대한 권리를 포기했다. 두 번의 패배 후에도 여전히 다뉴브강 유역의 많은 지역을 다스렸으나 이질적인 존재를 억지로 끼워 맞춘 '맞지 않는 퍼즐'에 가까웠다. 영국, 프랑스, 독일, 이탈리아가 '하나의 국가'로 단결할 때, 합스부르크 왕가가 다스리는 오스트리아-헝가리 제국은 장교와 부사관 그리고 병사가 모두 각각 다른 언어를 사용해서 명령을 제대로 전달할 수 없는 군대와 다스리는 공작에 따라 저마다 다른 행정 제도를 지닌 봉건 국가로 남아 있었다.

하지만 빈만큼은 유럽 최고의 문화 도시로 번영했다. '이질적인 존재를 억지로 끼워 맞춘 맞지 않는 퍼즐' 같은 측면이 오히려 문화의 다양성에는 도움을 주었고 케케묵은 궁정 사회도 마찬가지였다. 그런 분위기에서 구스타프 클림트와 에곤 실레 같은 위대한 예술가가 나타났고 슈테판 츠바이크 같은 유대인 작가가 명성을 얻었다. '정신 의학의 아버지'라 불리는 프로이트 역시 그런 분위기에서 등장했다.

지그문트 프로이트는 1856년 오늘날의 체코 공화국에서 태어났다. 그의 아버지 야콥 프로이트는 유명한 랍비의 아들로, 한때는 정통파 유대교도였다. 재미있게도 프로이트의 어머니는 야콥 프로이트보다 스무 살가량 어렸다. 야콥 프로이트가 이미 결혼했었기 때문이다. 지그문트 프로이트는 야콥 프로이트의 새로운 결혼에서는 첫 번째 아들이나, 그가 태어날 무렵 야콥 프로이트가 이전 결혼에서 얻은 아들도 성인이 되어 역시 자녀를 낳았다. 그러니까 삼촌과 조카가 비슷한 나이였던 셈이다. 이런 독특한 가족 관계는 지그문트 프로이트에게 큰 영향을 남겼다. 어머니는 젊고 아름다운 반면에 아버지는 아버지보다는 할아버지에 가까웠다. 그리고 이복형은 사실상 아버지에 해당하는 나이였다. 그러니 어린 프로이트는 자연스레 나이 많은 아버지에게 적대감을 느끼고 어머니의 사랑에 집착했다. 그러나 할아버지가 유명한 랍비이며, 아버지 역시 한때 열렬한 정통파 유대교도였던 가정 환경은 그런 적대감을 겉으로 나타내는 것을 허락하지 않았다. 그래서 어린 프로이트는 겉으로는 아버지에 순종했고 훗날에도 나름 긍정적으로 아버지를 묘사한다. 그러나 실제로는 아버지를 미워했고 어머니의 사랑을 두고 경쟁의식을 느꼈다. 심지어 아버지가 어머니를 억압하고 착취하고 있으며 자신이 그 상황을 바로잡아야 한다는 생각마저 일렁거렸다.

그래도 표면적으로는 모범적인 성장기를 보냈고 학업 성적이 아주 우수했던 지그문트 프로이트는 열일곱의 나이에 빈 대학에 입학했다. 젊은 프로이트는 야망에 가득 찬 존재였다. 그는 위대한 인간이 되기를 원했으며 무엇보다 강렬한 경쟁심의 대상이었던 아버지를 능가하는 사람, 이를 넘어 아예 지워 버릴 수 있는 사람이 되고 싶었다. 다른 측면에서는 유대인이라는 자신의 한계를 뛰어넘고 싶었고 유럽에 만연했던 반유대주의가 감히 건드릴 수 없는 존재가 되려 했다. 그런 꿈을 이루려면 법학을 전공하여 제국의 고위 관리가 되거나 정치가 혹은 저명한 군인이 되어야 하나 그 모두 현실적으로 유대인에게는 허락되지 않았다. 따라서 의학을 선택한 프로이트의 판단은 사뭇 현명했다. 대학에 입학해서도 프로이트의 성적은 여전히 우수했고 '위대한 사람이 되어야 한다'는 목표를 이루기 위해 신경학 연구에 몰두했다. 그 무렵에는 현대 의학 자체가 이제 막 걸음마를 시작하는 신생 학문에 해당했고, 뇌와 척수를 연구하는 신경학은 그 가운데서도 가장 미지의 분야여서 역시 프로이트의 선택은 현명했다고 볼 수 있다.

그러나 현명한 선택이 꼭 원하는 결과를 약속하는 것은 아니다. 프로이트의 연구 역시 마찬가지였다. 프로이트는 개구리 같은 양서류와 몇몇 포유류의 뇌를 해부하고 거기 담긴 수수께끼를 풀기 위해 노력했으나 많은 동물을 희생시키고 적지 않은 시간과 노력을 바쳤음에도 성과는 보잘것없었다. 다급해진 프로이트는 무엇이라도 의미 있는 성과를 거두기 위해 코카인에 관심을 쏟았다. 그는 코카인을 당대에 만연했던 아편과 모르핀 중독의 치료제로 생각했을 뿐만 아니라 코카인이 주는 황홀감과 집중력을 긍정적으로 사용할 수 있으리라 판단했다. 그래서 코카인을 연구했고, 열렬한 코카인 옹호자가 되었다. 특히 당시 유명한 의학자이자 친구였던 플라이슐-마르호프(Ernst von Fleischl-Marxow, 1846~1891)에게 코카인 사용을 권유했다. 플라이슐-마르호프에게 코카인 사용을 권유한 이유는 그가 환상통에 시달렸기 때문이다. 환상통은 정상적인 신체를 가지고 태어난 사람이 신체 일부를 절단한 경우 나타나는 통증으로, 간단히 설명하면 뇌가 여전히 절단한 신체 부위를 존재한다고 판단해서 발생하는 부조화가 원인이다. 플라이슐-마르호프는 사체를 해부하던 중 엄지손가락을 다쳤는데 그 엄지손가락이 감염되어 절단할 수밖에 없었고, 그 후 지속적인 환상통에 시달렸다. 당시에는 아편 외에는 환상통을 적절히 치료할 수 있는 약물이 없어 플라이슐-마르호프는 아편 중독자가 되었다. 프로이트는 친구인 플라이슐-마르호프의 중독을 치료할 목적으로 코카인을 권유했다. 아마도 프로이트에게는 친구를 진정 걱정하는 마음과 유명한 의학자인 친구를 코카인으로 치료하여 자신의 명성을 높이려는 의도가 모두 있었을 것이다. 그러나 결과는 재앙이었다. 플라이슐-마르호프는 한층 심각한 중독에 빠져들었고 삶이 완전히 무너졌다. 프로이트의 평판도 바닥으로 떨어졌다. 호기롭게 신경학에 덤벼들어 뇌 연구에 매진했으나 별다른 성과가 없었고 야심차게 관심을 기울인 코카인마저 아편 이상으로 위험한 약물임이 드러났으며 친구 또한 회복할 수 없는 나락으로 떨어지자 프로이트 역시 막다른 길에 몰린 셈이었다.

프로이트는 새로운 해결책을 찾아 파리로 향했다.

강당은 의자가 계단식으로 배치되어 극장을 연상하게 했다. 다만 연극과 달리 정장을 입고 심각한 표정을 짓는 남자들이 객석을 가득 채웠고 그들의 내려다보는 시선이 모이는 무대 역시 극장과 달리 화려한 배경은 없었다. 무대 가운데는 의자가 있고 젊은 여자 한 명이 앉아 있었다. 차림새로 미루어 아주 상류층은 아니라도 중산층 이상이 틀림없었고, 약간 마른 체형에 아름다운 외모였지만 표정에서 긴장과 불안이 느껴졌다. 그 젊은 여자 뒤에는 하녀로 추정되는 중년 여자와 짧은 콧수염을 기른 정장 차림의 젊은 남자가 서 있었다. 정장 차림의 젊은 남자 앞에는 말발굽 모양의 금속 물체가 있었는데 남자의 키와 거의 비슷할 만큼 컸다. 남자의 손에 작은 막대가 들려 있는 것으로 미루어 말발굽 모양의 금속 물체는 징처럼 소리를 내는 기구인 듯했다. 그리고 그들 앞에는 말쑥하게 차려입은 노인이 있었다. 누가 봐도 무대의 주인공이 틀림없는 노인에게서는 대가의 느낌이 묻어났다.

계단식으로 배치한 의자를 가득 채운 군중이 숨소리도 내지 않을 만큼 조용해지자 창문에 커튼이 드리워지고 실내가 어두워졌다. 오직 무대에만 은은한 조명이 비추었고, 노인이 고개를 끄덕이자 젊은 남자가 손에 든 막대로 커다란 말발굽을 두드리기 시작했다. 금속 물체를 두드리자 날카롭지 않고 묵직한 소리가 강당 전체에 퍼졌다. 젊은 남자는 규칙적으로 거대한 말발굽을 두드렸다. 군중 가운데 몇몇은 가만히 그 소리를 듣다 빨려 들어갈 듯한 기분을 느꼈다. 그 순간 의자에 앉은 여자가 힘을 잃고 넘어갔다. 의자에서 '흘러내렸다'는 표현이 적절할 정도여서 하녀가 재빨리 붙잡지 않았다면 바닥에 부딪혔을 것이다. 그러자 노인은 만족스러운 표정으로 다시 한 번 고개를 끄덕였다. 노인의 동작에 젊은 남자는 거대한 말발굽을 치는 것을 중단했다. 그리고 커튼이 걷히고 실내가 다시 밝아졌다. 그러자 의자의 여자에게도 변화가 일어났다. 그녀는 이제 팔과 다리를 뻗었는데, 나무 인형처럼 팔과 다리를 뻣뻣하게 뻗고 눈을 크게 떴다.

"이름이 무엇입니까?"

노인이 묻자 젊은 여자의 입에서 감정이 느껴지지 않는 목소리가 흘러나왔다.

"미셸."

여자의 대답에 노인은 차분한 목소리로 다시 물었다.

"두렵나요?"

이번에도 여자는 약간은 소름 끼치는 목소리로 대답했다.

"차가워요. 차가워요. 코와 입이 차가워요."

그 모습을 바라보는 군중이 너무 집중해서 공기가 팽팽하게 느껴질 정도였으나 노인은 개의치 않았다.

"차가운 것이 두렵나요?"

노인의 질문에 여자는 다시 대답했다.

"차가워요. 숨을 쉴 수 없어요!"

노인의 얼굴에 만족스러운 표정이 떠올랐다. 그러더니 갑자기 다소 큰 목소리로 외쳤다.

"미셸!"

그 말과 함께 나무 인형처럼 뻣뻣했던 여자의 팔과 다리가 정상으로 돌아왔다. 그러나 평소와는 조금 달랐다. 콕 집어 표현할 수 없으나 일반적인 모습과는 무엇인가 다른 느낌에 군중이 약간 술렁거렸다. 노인은 다시 젊은 남자에게 손짓했고 그러자 젊은 남자가 물이 담긴 유리컵을 가지고 젊은 여자에게 다가갔다.

"미셸, 마셔 봐요."

노인이 젊은 여자에게 부드럽게 말했다. 그러나 여자는 주저했다.

"미셸, 괜찮아요. 겨우 물 한 잔일 뿐이에요."

그러자 여자는 느리게 손을 뻗어 유리컵을 잡았다. 그러고는 입으로 가져가 아주 조심스럽게 한 모금을 삼켰다. 순간 군중 가운데 한 명이 탄성을 지르며 자신도 모르게 박수를 쳤다. 그때 여자의 표정이 변했다. 갑자기 정신이 돌아온 것처럼 자신의 손에 든 유리컵을 바라봤고 거기에 물이 들었다는 것을 깨닫자 공포로 눈동자가 커졌다. 여자는 의자에서 벌떡 일어서며 유리컵을 떨어뜨렸고 유리컵은 바닥에 부딪혀 산산조각 났다. 노인의 얼굴에 실망스러운 표정이 떠올랐고 젊은 남자와 하녀가 서둘러 젊은 여자를 강당 밖으로 데려갔다. 이윽고 어느 정도 무대가 정리되자 노인이 자신감에 찬 목소리로 군중에게 말했다.

"여러분, 이 환자는 반년 전 보트가 전복되어 익사할 뻔했습니다. 그 후 물을 마시지 못하게 되었지요. 맥주나 와인, 우유는 마실 수 있으나 물을 마시지 못합니다. 우리가 오늘 최면을 통해 살펴본 것처럼 익사할 뻔한 경험이 뇌에 손상을 주어 물을 두려워하게 만들었기 때문입니다."

노인의 이름은 장 마르탱 샤르코(Jean-Martin Charcot, 1825~1893), 다발성 경화증과 샤르코-마리-투스병을 발견하고 규정지은 당대 최고의 신경과 의사다. 샤르코는 신경과 의사로 당시 히스테리라 부르던 질환 역시 뇌의 구조적 문제가 원인이라 판단했고 그 진단과 치료에 최면 요법을 사용했다. 사실 최면 요법은 이전에도 존재했으나 심령술사, 집시 점쟁이, 사기꾼의 속임수로 여겨졌다. 그러나 샤르코처럼 이미 신경과 의사로 독보적인 업적을 남기고 존경받는 위치에 오른 사람이 사용하자 주변의 시선이 달라졌다. 참담한 실패를 맛본 프로이트가 잠시 빈을 떠나 파리에 머무른 것도 샤르코의 최면 요법을 보기 위해서였다.

물론 위 상황은 샤르코가 당시 공개한 최면 요법의 정보를 바탕으로 재구성한 것이다. 기록에 남아 있는 주목할 만한 실제 사례는 핀이란 아이에 관한 내용이다. 핀이 호소하는 증상은 매우 독특했는데, 손끝에서 시작하여 손가락과 가까운 손등 앞쪽까지는 감각이 있으나 손등 뒤쪽부터 시작한 나머지 팔 전체에는 감각이 없다고 호소했다. 유능한 신경과 의사인 샤르코는 단번에 그런 감각 이상은 가능하지 않다는 것을 깨달았다. 피부의 감각 신경 지배가 그런 식으로 분포하지 않기 때문이다. 그래서 최면 요법을 시행한 결과 핀이 기차에 무임승차한 적이 있고 차장에게 발각되어 도망치다 뛰어내리면서 정신을 잃은 사건이 있음을 알아냈다. 하필이면 핀이 뛰어내리기 직전 기차는 터널 입구에 도착했고 핀은 뛰어내리면서 자신이 터널의 벽에 부딪힐지도 모른다는 공포를 느끼고 정신을 잃었던 것이다. 다행히 핀은 실제로는 터널의 벽에 부딪히지 않았고 정신만 잃었을 뿐 몸은 멀쩡했다. 그러나 핀은 그 사건 후 분명히 자신의 팔이 부딪혀 다쳤다고 믿기 시작했고, 그래서 괴상한 감각 이상을 호소했던 것이다.

이런 샤르코의 최면 요법에 크게 감명받은 프로이트는 짧은 파리 체류를 마치고 빈에 돌아와 자신만의 이론을 세우기 시작했다.

1895년 프로이트는 『히스테리 연구』를 발표한다. 그 책에서 프로이트는 유명한 안나 오(Anna O)의 사례를 통해 정신분석이란 새로운 학문을 시작한다.

가명인 '안나 오'로 알려진 환자의 본명은 베르타 파펜하임이다. 프로이트처럼 빈에 거주하는 유대인 가문에서 태어난 그는 어린 시절 형제 가운데 결핵으로 사망한 사람이 있다는 것을 제외하면 특별하지 않은 성장기를 보냈다. 그는 지적이며 시를 좋아하고 가끔씩 백일몽에 가까운 상상에 빠지는 것을 제외하면 평범한 여성으로 컸다. 그러나 그의 아버지에게 결핵과 그로 인한 흉막 농양(폐를 감싸는 막인 흉막을 따라 고름이 생기는 질환)이 발병하고 그가 간호를 맡으면서 문제가 발생했다. 그는 식욕을 잃고 쇠약해지면서 어지러움을 호소하고 때때로 아주 심한 기침에 시달렸다. 그러나 놀랍게도 의학적으로는 별다른 문제를 찾을 수 없었다. 그의 아버지가 투병 끝에 사망하면서 증상은 더욱 심해졌다. 팔과 다리가 마비되는 증상이 나타났고 두통을 호소하기도 했으며 때로는 물을 마시지 못했다. 온몸에 기묘한 형태의 강직이 가끔씩 찾아왔고 모국어인 독일어가 아니라 영어로만 말할 수 있는 증상이 나타나기도 했다. 머리카락과 리본을 뱀으로 착각하기도 하고 나중에는 해골과 죽음의 표식 같은 환상에 시달렸다.

프로이트와 동료인 요제프 브로이어(Joseph Breuer, 1842~1925)

는 최면 요법을 이용하여 베르타 파펜하임의 증상이 아버지의 죽음과 연관되었다는 것을 알아냈다. 아버지뿐만 아니라 어린 시절 결핵으로 형제를 잃은 기억 역시 그녀에게 영향을 주어 '신체적 원인' 없이 그런 증상이 나타난다는 사실을 규명했다. 브로이어는 그에게 자신의 증상에 대해 자유롭게 말하도록 유도하는 치료를 시작했다. '굴뚝 청소'라고 부르는 그런 치료를 통해 베르타 파펜하임의 증상은 상당히 호전했고 프로이트는 이 기법을 개량하여 최면 요법 없이 환자가 아무 말이나 자유롭게 이야기하도록 하면서 진단과 치료를 시작하는 '자유 연상'을 개발한다.

물론 프로이트와 브로이어가 『히스테리 연구』에서 주장한 것과 달리 베르타 파펜하임은 제대로 치료되지 않았다. 그녀는 평생 비슷한 증상에 시달렸다. 심지어 치료 중 그녀와 브로이어는 서로에게 성적 호감을 느꼈고 의사-환자 관계는 완전히 파탄났다. (요즘에는 이런 관계를 '역전이(countertransference)'라 부르며, 정신과 의사가 아주 주의해야 할 위험으로 꼽힌다. 실제로 베르타 파펜하임이 최면 요법 도중 브로이어의 아이를 임신하고 싶다고 말하자 브로이어는 도망쳤다.) 또 브로이어는 그 후 프로이트와 멀어졌고 더 이상 연구에 참여하지 않았다. 그러나 프로이트는 계속 자신의 이론을 갈고 닦아서 오늘날 '정신분석학'이라 부르는 학문을 개척했다.

자아, 초자아, 의식, 무의식 같은 단어를 만들고 개념을 정리했으며 자신의 아버지인 야콥 프로이트와 관계를 기반으로 유명한 '오이디푸스 콤플렉스'를 주장했다. 프로이트는 인간의 정신을 에너지(특히 성적 에너지)로 움직이는 기계로 간주했고 그 에너지의 과잉, 과소, 잘못된 분배가 정신 질환의 원인이라 판단했다.

프로이트의 이런 업적을 통해 정신 질환자는 '악령에 들린 사람', '저주받은 인간' 같은 오명에서 벗어났고 감옥이나 다름없는 정신병원에 감금되어 고문당하고 학대받는 대신 '치료'를 받을 수 있게 되었다.

프로이트 역시 자신이 원하던 것처럼 아버지의 존재를 깨끗이 지워 버릴 수 있는 위대한 인간이 되었고 반유대주의가 감히 건드릴 수 없는 존재가 되는 것에도 성공했다. 빈뿐만 아니라 서구에서 그는 독보적인 지위를 구축한 유명 인사였고 많은 전도유망한 젊은 의학도가 제자가 되려고 그의 주위로 모여 거대한 학파를 형성했다.

그러나 운명은 그를 내버려 두지 않았다.

1939년 9월 22일 런던은 막 발발한 전쟁으로 어수선했다. 불과 20여 일 전에 독일군이 전차 부대를 앞세워 폴란드를 침공했기 때문이다. 아직 전쟁은 폴란드에 국한하였으나 불길한 기운이 대영 제국의 심장을 짓눌렀다. 그래서 의식 없이 조용히 침대에 누워 있는 노인에게는 대부분 주의를 기울이지 않았다. 런던에서 그가 보낸 시간은 고작 1년 남짓이었으며 그마저도 마지막 몇 개월은 구강암의 통증으로 거의 집에서만 지냈기 때문이다. 더구나 며칠 전부터 그는 의식이 없었다. 회복 가능성이 전혀 없는 말기 구강암이었으나 아직 의식을 잃고 죽음을 맞이할 단계는 아니었다. 그러나 노인은 며칠 전 오랜 친구인 막스 슈르(Max Schur, 1897~1969)에게 안락사를 부탁했고, 두 번에 걸친 과량의 모르핀 주사로 며칠째 의식이 없는 상태였다. 그리고 이제 막스 슈르는 마지막 세 번째 주사를 준비했다.

다들 예상하듯 노인은 지그문트 프로이트다. 정신분석학의 아버지, '정신분석학파의 왕'이 되어 빈에서 유대인으로는 감히 상상하기 힘든 지위를 누렸으나 1933년 히틀러가 독일의 권력을 장악하면서 상황이 변했다. 위대한 독일 민족의 통일을 내세운 히틀러는 1938년 오스트리아 공화국을 합병했다. 그 합병으로 프로이트의 지위는 순식간에 '위대한 영웅'에서 '더러운 유대인'으로 곤두박질했다. 프로이트의 저작은 금지되었고 명예가 아니라 순전히 생명을 구하기 위해 막대한 돈을 나치에게 지불하고 영국으로 도망칠 수밖에 없었다.

런던에서의 삶은 낯설었고 오랫동안 그를 괴롭힌 구강암은 이제 더 이상 수술이 불가능할 정도로 악화해서 극심한 통증이 날마다 찾아왔다. 그런 가운데 프로이트는 마지막 책을 출판했다. 흥미롭게도 그의 마지막 책인 『모세와 유일신론』은 정신분석학이

이집트를 탈출하는 히브리인

'정신 의학의 아버지'라 불리는 프로이트의 마지막 저작이 역사 소설에 가까운 『모세와 유일신론』인 것은 뜻밖이다. 이는 모세가 노예였던 히브리인을 이집 트에서 탈출시켜 '위대한 민족'으로 만든 것처럼, 자신도 '위대한 학문' 정신분 석학을 만든 사람으로 기억되고 싶었기 때문이 아닐까.

아니라 상상력 풍부한 역사 소설에 가깝다. 다윗과 함께 유대인이 가장 존경하는 모세의 근원을 탐구하는 이야기를 프로이트가 자신의 마지막 책으로 선택한 이유는 모세가 이집트에서 보잘것없는 노예에 불과한 히브리인을 이끌어 내어 '위대한 민족'을 만든 것처럼 자신도 의학에서 정신분석학을 이끌어 내어 '위대한 학문'을 만든 사람으로 기억되고 싶었기 때문일 것이다.

안타깝게도 프로이트의 바람은 절반만 성공했다. 20세기 중반까지 프로이트의 정신분석학은 정신과의 전부라고 해도 틀리지 않았다. 그러나 20세기 중반을 넘어 후반으로 들어서면서 뇌의 복잡한 구조가 서서히 밝혀졌고, 우리가 마음 또는 영혼이라 부르는 것이 화학 물질의 작용에 불과하다는 것이 알려지면서 정신과에도 약물 치료가 나타났다. 정신분석학이 질환의 심리적 근원을 파고들고 각각 증상에 대한 이유를 그럴듯하게 설명하나 환자의 증상을 제대로 완화하지 못하는 것과 달리 약물 치료는 근원을 찾지도 못하고 증상에 대한 이유를 설명하지도 못하나 증상을 확실히 개선시켰다. 그러면서 적어도 임상 의학의 영역에서는 프로이트의 영광이 쇠락하고 있다. 사회에서 모세가 만든 유일신론을 따른 종교들이 점차 쇠락하고 있는 것처럼.

지그문트 프로이트 *Sigmund Freud, 1856~1939*

1856년에 태어나 1939년에 사망한 오스트리아의 유대계 의학자다. 1873년 빈 의과대학에 입학해 고전적인 신경학을 연구했으나 큰 업적을 남기지 못했다. 1885년 파리 살페트리에르 병원장 장 마르탱 샤르코 밑에서 5개월간 공부한다. 샤르코의 연구에서 영감을 얻어 인간의 육체가 아니라 마음을 탐구하는 데 관심을 갖게 되었다.

1895년 요제프 브로이어와 함께 『히스테리 연구(Studien über Hysterie)』를 저술했고, 이후 『꿈의 해석(Die Traumdeutung)』, 『정신분석 강의(Vorlesungen zur Einführung in die Psychoanalyse)』 등을 출간하며 정신분석학의 기틀을 마련했다.

학자로 큰 명성을 누렸으나 나치 독일이 오스트리아를 합병하자 영국으로 이주하여 런던에서 죽음을 맞이했다. 그의 정신분석학은 문학을 비롯한 예술에도 크게 영향을 남겼으나 20세기 후반부터 정작 정신 의학에서는 영향력이 쇠퇴했다.

낙태를 용인한
보수주의자

찰스 에버렛 쿱

Charles Everett Koop, 1916~2013

중년을 넘어 노년의 문턱에 다다른 나이였으나 180센티미터를 훌쩍 넘는 키와 당당한 체격은 노쇠함보다는 노련함을 더했다. 아직 군데군데 검은색이 남은 머리카락, 작은 금속테 안경과 안경을 뚫고 나올 듯한 날카로운 눈빛, 멋있게 기른 하얀 턱수염이 돋보이는 외모는 '파라오에 맞서는 모세'를 떠올리게 했다. 복장도 평범하지 않았다. 검정과 파랑 중간에 위치한 색상의 옷감에 금색 선이 들어간 양쪽 소매와 어깨에는 해군 중장을 나타내는 계급장이 빛났다. 불꽃 같은 눈빛으로 카메라를 바라본 탓에 시청자는 그가 텔레비전 화면을 뚫고 나올 것 같은 기분을 느끼기도 했다.

"보건총감 찰스 에버렛 쿱입니다. 흡연은 인체에 대단히 해로우며 미국이 마주한 주요 문제에 해당합니다. 연간 30만 명의 미국인이 흡연과 관련하여 사망합니다. 흡연자는 폐암에 걸릴 위험이 열 배나 높고 심혈관 질환에 걸릴 가능성도 배로 증가합니다. 여러분이 하루에 한 갑을 피운다면 인생에서 6년이 사라지는 것이나 다름없습니다."

문장 자체는 '객관적인 사실의 나열'에 가까웠다. 위협, 협박, 과장은 어디에도 없었다. 그러나 모세를 닮은 노인(물론 모세가 진짜 어떻게 생겼는지 본 사람은 없으나)이 해군 중장의 제복을 입고 텔레비전 화면을 뚫고 나올 것 같은 강력한 카리스마를 풍기면서 '흡연은 굉장히 해롭다'고 말하는 것은 엄청난 압박이 틀림없다. 평범한 사람이 그 공익 광고를 볼 때, 마침 흡연하고 있다면 자신도 모르게 황급히 담배를 재떨이에 비벼 껐을 것이다.

그런데 왜 보건총감이 해군 중장 계급장이 번적이는 제복을 입고 공익 광고를 찍었을까? 보건총감은 미국의 보건 정책을 책임지는 자리이며 대통령이 임명하고 의회의 청문회를 거쳐야 한다. 대통령이 원하면 군의관을 임명할 수도 있으나 군대와 전혀 관계없는 민간인이 맡을 때가 많다. 역사를 거슬러 오르면 해군에 뿌리를 둔 지위이기 때문에 여전히 형식적으로는 '해군 중장'이나 어디까지나 명목상 그럴 뿐이다. 에버렛 쿱이 해군 중장 복장을 입고 공식 석상에 나서기 전까지 수십 년을 넘는 기간 동안 보건총감은 양복 차림으로 일했다.

도대체 무슨 일이 있었기에 1980년대 초반 에버렛 쿱은 해군 중장 제복을 입었을까?

2

"당신의 아버지는 자랑스러운 영웅입니까?"

안타깝게도 상원의원은 그런 질문에는 자신 있게 고개를 끄덕일 수 없다. 물론 질문을 던진 사람이 기자라면 평소처럼 가슴을 당당하게 펴고 '그렇고 말고'라고 대답할 것이다. 그의 다른 형제도 마찬가지일 것이다. 대통령에 올랐던 둘째 형, 법무장관과 대선 후보를 지낸 셋째 형 모두 그랬을 것이다. 그러나 무조건 진실을 말해야 하는 질문이라면 그와 형제들 모두 '아니요'라고 대답할 수밖에 없다. 그의 아버지, 조제프 케네디는 '위대한 인간'에는 해당해도 정의로운 사람은 결코 아니었다. 솔직히 말하면 '위대한 악당'에 해당했다. 아버지가 1920년대 증권 시장에서 막대한 부를 모은 방법은 '처벌받지 않는 불법'에 가까웠다. 그의 아버지가 젊은 나이에 어마어마한 부를 축적하는 동안 헤아릴 수 없을 만큼 많은 선량하고 평범한 사람이 파산했다. 우연한 결과가 아니었다. 아버지는 그 모든 과정을 똑똑히 알았다. 평범하고 선량한 사람이 고통받고 죽음으로 내몰리는 것을 알면서도 막대한 부를 얻는 가장 효율적인 방법을 포기하지 않았다. 아버지의 다른 사업도 마찬가지였다. 할리우드의 영화 사업, 주류 도매업 모두 운영하는 방식은 같았다. 이탈리아 마피아와 결탁했다는 소문도 있었다. 그렇게 모은 돈의 힘은 무시무시했다. 심지어 프랭클린 루스벨트 대통령은 조제프 케네디를 증권 거래 위원회의 위원장에 임명했다. 증권 시장의 모든 악랄한 방법에 통달했으니 그걸 단속하는 임무에도 적임자라 판단했던 것이다. 공직 경력은 거기서 끝나지 않았고, 이어서 영국 대사까지 역임했다. '언젠가는 죄악의 대가를 치를 것'이라는 수군거림이 있었으나 아버지 조제프 케네디는 가톨릭을 믿는 평범한 아일랜드계 이민자에서 실질적으로 보스턴을 다스리는 매사추세츠 최고의 거물이 되었다.

돌이켜 보면 아버지의 계획은 '매사추세츠 최고의 거물'보다 원대했다. 당신은 부정한 방법으로 돈과 권력을 모았으나 아들들은 정당한 방법으로 미국을 통치하길 바랐다. 2차 세계 대전에서 전사한 첫째 아들 조제프 케네디 2세를 제외하면 나머지 세 아들은 모두 유력한 정치가가 되었으니 아버지의 계획은 성공한 셈이다. 행운도 따랐다. 핵전쟁의 공포와 매카시즘의 광기가 지배하던 1950년대에 지친 미국인은 1960년대가 되자 새로운 구원자를 원했고 조제프 케네디의 아들들은 완벽한 후보였다. 둘째 형인 존 에프 케네디는 영화배우 같은 외모와 화려한 말솜씨를 지닌 최고의 스타였다. 셋째 형인 로버트 케네디는 마르고 왜소했으며 화를 참지 못하고 거친 말을 내뱉을 때가 종종 있으나 가장 정의롭고 진정으로 '가난한 자의 친구'가 되려는 이상주의자였다. 마지막으로 상원의원 자신은 케네디 형제의 막내로 형들과 비교하면 두뇌는 우수하지 못했으나 변호사보다 미식축구 선수가 어울릴 만큼 건장한 체격을 지녔고, 굳이 따지면 둘째 형과 비슷하다. 그런 차이 때문인지 대통령에 오른 둘째 형, 법무장관과 대선 후보를 지낸 셋째 형과 달리 그는 상원의원에 만족할 수밖에 없었다.

물론 형들은 모두 젊은 나이에 비극적 죽음을 맞이했다. 대통령이 되어 '새로운 미국'을 건설할 수도 있었으나 모두 암살자의 비열한 총탄에 쓰러졌다. 희망차게 시작한 1960년대도 그 둘의 죽음과 함께 쓸쓸하게 끝났다. 베트남전의 수렁에서 허우적거린 1970년대는 혼란과 퇴보의 시기였다. 그는 상원의원으로 형들의 유산을 지키기 위해 투쟁했으나 별다른 소득이 없었고 1980년대에 접어들자 무식한 영화배우가 대통령에 올랐다. 그 영화배우 대통령은 겉으로만 조금 온화할 뿐, 1950년대의 매카시즘과 별반 다르지 않은 정책을 추진했다. 외교와 국방, 경제뿐만 아니라 보건과 복지에서도 그랬다. 낙태, 동성애, 마약, 자유로운 섹스를 '미국을 좀먹는 해악'으로 간주했다. 그러면서 자기네 입맛에 맞는 정책을 추진할 미치광이를 보건총감에 지명했다.

찰스 에버렛 쿱이라고 했나? 보건총감 지명자의 이름만 떠올려도 상원의원의 얼굴이 찌푸려졌다. 에버렛 쿱은 뉴욕이 뉴암스테르담으로 불리던 시절에 정착한 네덜란드 이민자의 후손이며 생긴 것부터 고리타분하고 꽉 막힌 인간이다. 외동아들이며 소아외과를 전문 분야로 하는 의사인데 환자, 보호자, 간호사 같은 주변 사람이 늘 '선생님'이라 부르며 공손하게 대해서 그런지 청문회에 임하는 태도부터 마음에 들지 않았다. 소아외과 의사로 일하면서 틈만 나면 '낙태는 옳지 않다', '낙태를 합법화하면 치료할 수 있는 선천성 기형을 지닌 태아도 살아갈 기회를 박탈당할 수 있다' 같은 주장을 펼치고 광신도나 다름없는 복음주의 교회가 주최한 행사에 연사로 참석했던 경력을 감안하면 청문회에서 겸손하게 굽신거려야 할 텐데, '보건총감이 소아외과 의사보다 대단한 자리도 아니다'라는 태도를 보였기 때문이다. 그러니 어떻게든 청문회에서 떨어뜨려야 했다. 그런 인간이 보건총감이 되면 어떤 일을 벌일지 뻔했기 때문이다. 낙태를 불법화하고 공권력을 동원해서 낙태를 시술하는 의사를 탄압할 것이다. 대학에 신입생이 모여드는 가을마다 연방 요원을 보내 '난잡한 성관계'를 단속하는 것도 에버렛 쿱과 레이건 행정부라면 충분히 가능한 악몽이다.

그런 생각이 떠오를 무렵 상원의원이 탄 자동차가 의회에 도착했다. 상원의원은 승용차에서 내려 의회 계단으로 향했다. 그때 그를 발견한 기자가 다가와 속사포처럼 말했다.

"에드워드 케네디 상원의원님! 보건총감 지명자에 대해 몇 마디만 부탁합니다!"

에드워드 케네디 상원의원이라. 보통 기자는 '상원의원님'이라 부르고 오랫동안 알고 지낸 몇몇 기자는 '테드'라고 부르는데 '에드워드 케네디 상원의원님'이란 긴 문장을 말하다니. 평소라면 대답하지 않았겠으나 그래서 힐끗 기자를 바라보고는 대답했다.

"에버렛 쿱 박사는 과거의 고리타분한 여성상에 집착하는 인간이요. 그게 그가 낙태를 반대하는 이유죠."

청문회 내내 같은 단어로 재수 없는 보건총감 지명자를 공격했으니 기자에게 말해도 문제가 될 내용은 아니었다. 그렇게 케네디 형제의 막내이자 조제프 케네디의 아들 가운데 유일하게 살아남은 에드워드 케네디 상원의원은 에버렛 쿱의 인준을 반드시 저지하겠다는 의지를 보이며 의회 건물 안으로 사라졌다.

그러나 청문회의 격렬한 논쟁과 뉴욕 타임스를 중심으로 한 진보주의 언론의 반대에도 불구하고 에버렛 쿱은 천신만고 끝에 인준을 받아 보건총감에 올랐다. 공화당과 복음주의 기독교를 비롯한 보수 진영은 에버렛 쿱이 본격적으로 반낙태 운동을 펼치기를 기대하며 기뻐했고 민주당과 시민단체를 중심으로 한 진보 진영은 다가올 폭풍에 잔뜩 긴장했다.

2차 세계 대전이 끝나고 미국과 소비에트 연방은 초강대국의 자리에 올랐다. 그러나 '모든 공산주의자의 모국'을 자처하며 어떻게든 초강대국이 되길 간절히 원한 소비에트 연방과 달리 미국은 자의 반 타의 반으로 초강대국의 임무를 얻은 사례에 가까웠다.

사실 미국이 소비에트 연방처럼 간절하게 초강대국의 자리를 원했다면 20~30년 전에 차지할 수도 있었다. 1차 세계 대전에서 미국이 없었다면 영국과 프랑스만으로는 결코 빌헬름 2세가 이끄는 독일 제국을 물리치지 못했을 것이기 때문이다. 영국은 노쇠했고 프랑스는 애초에 세계를 주름잡는 패권 국가에는 약간 모자랐으니, 미국은 손쉽게 '대영제국의 후계자'가 될 수 있었다. 영국 역시 미국에 우호적이라 기꺼이 패권을 나누려고 했다. 하지만 정작 미국이 주저했다. 1차 세계 대전을 승리로 이끈 우드로 윌슨 대통령은 국제연맹을 만들어 미국이 초강대국의 임무를 수행하고자 했으나 의회를 비롯한 대부분의 미국인은 대통령과 생각이 달랐다. 그래서 미국은 국제연맹에 가입하지 않았고 초강대국의 지위를 뒤로하고 집으로 돌아와 '아메리카 대륙의 골목대장'에 만족했다.

2차 세계 대전이 발발했을 때도 프랭클린 루스벨트 대통령은 참전을 바랐으나 역시 의회를 비롯한 국민 대부분이 주저했다. 그들은 유럽의 전쟁에 휘말리고 싶지 않았다. 그러나 일본 해군 전투 비행대가 진주만을 불바다로 만들자 더 이상 선택을 미룰 수 없었다. 미국은 참전했고 히틀러와 천황 모두를 물리쳤다. 전쟁이 끝나자 이번에는 미국도 초강대국의 임무를 마다하지 않았다.

하지만 초강대국의 임무는 만만치 않았다. 더구나 미국은 충분한 준비 기간도 가지지 못했다. 영국이 200년 넘는 준비 끝에 '해가 지지 않는 나라'에 오른 것과 완전히 달랐다. 그래서 미국의 1950년대는 번영과 혼란이 섞인 시대였다. 2차 세계 대전 후 경제 발전에 따른 낙관주의가 사회를 이끄는 것처럼 보였으나 동시에 핵 전쟁의 공포와 매카시즘의 마녀사냥이 몰아친 시기였다.

그런 상황에서 1960년대가 밝았고 케네디 형제가 등장했다. 케네디 형제의 출현은 '위대한 미래의 약속'처럼 보였다. 대통령이 된 존 에프 케네디뿐만 아니라 법무장관인 로버트 케네디, 상원의원인 에드워드 케네디 모두 『아서 왕과 원탁의 기사』에 나오는 영웅처럼 느껴졌다. 그러나 '위대한 전설'이 비극으로 끝나는 것에는 오랜 시간이 걸리지 않았다. 현직 대통령인 존 에프 케네디가 암살당했고 몇 년 후에는 유력한 대선 후보였던 로버트 케네디가 암살당했다. 그러면서 미국은 자신도 모르는 사이에 베트남전의 수렁에 빠졌다. 린든 존슨 대통령은 투박한 촌뜨기였고 닉슨 대통령은 똑똑하고 유능했으나 권력욕이 지나친 음험한 악당으로 밝혀져 사실상 탄핵당해 물러났다. 닉슨에 질린 미국인은 청렴한 이상주의자인 지미 카터를 대통령으로 선출했으나 청렴하고 이상적인 것 외에는 장점이 없었다. 경제는 곤두박질쳤고 미국의 권위는 곳곳에서 무너졌다. 1970년대 후반이 되자 이제는 과연 미국을 초강대국이라 부를 수 있을지, 여전히 초강대국이라고 해도 몇 년이나 더 지위를 지탱할 수 있을지 의문스러운 분위기였다.

그러자 이번에는 케네디 형제와 전혀 다른 구원자가 등장했다. 젊고 활기차고 진보적인 케네디 형제와 달리 나이 들고 보수적이고 엄격하면서도 친근한 이미지의 로널드 레이건이 '미국의 재건'을 약속하며 1981년 대통령에 취임했다. 레이건은 케네디 형제의 비극적 죽음 이후 이어진 혼란과 퇴보를 되돌리겠다면서 선거 기간 중 약속했던 것처럼 보수적 가치를 중심에 세웠다. 미국을 위협할 만큼 경제적으로 성장한 일본을 적당히 협박해서 자기 자리를 알게 하고 중남미 가운데 만만한 국가를 골라 미국이 여전히 아메리카의 골목대장이란 사실을 깨닫도록 손봐 주었다. 소비에트 연방에 대해서는 '스타워즈 계획'을 발표하여 지나친 군비 경쟁에 몰아넣어 스스로 무너지게 유도했다. 그러면서 미국 사회 내부의 문제에도 관심을 돌렸다. 마약, 자유로운 섹스, 낙태, 동성애는 보수적인 레이건 정권의 입장에서는 시급히 해결해야 할 '미국을 좀먹는 문제'였다. 그래서 레이건은 그 문제들을 한 번에 해결할 수 있는 비장의 카드를 뽑았다. 히피와 민주당의 진보주의자가 뭐라고 하든 조금도 움츠러들지 않고 '미국을 좀먹는 문제'를 해결하기 위해 돌진할 '정의롭고 신실한 기독교인'을 보건총감에 임명한 것이다.

그가 바로 찰스 에버렛 쿱이다.

찰스 에버렛 쿱은 1916년 10월 14일 뉴욕 브루클린에서 태어났다. 그는 17세기 네덜란드 정착민의 후손으로 가문 자체가 뉴욕의 역사를 고스란히 드러내는 기록과 같았다.(뉴욕의 옛날 이름은 뉴암스테르담이며 인디언을 제외하면 네덜란드인이 최초의 정착자다.) 오랜 전통을 지닌 그의 가문은 브루클린에서 대단히 끈끈한 가족 공동체를 형성했고 네덜란드계답게 독실한 기독교도였다. 에버렛 쿱의 보건총감 임명을 강력하게 반대한 에드워드 케네디 상원의원이 가톨릭을 믿는 아일랜드계 이민자인 것을 감안하면 1980년대 초 둘은 각각 진보주의와 보수주의의 전형적 인물이란 점 외에도 성장 배경부터 아주 대비적이었다.(보스턴에 정착한 부유한 특권층과 뉴욕에 정착한 중산층, 가톨릭과 장로교, 진보주의와 보수주의, 미식축구 선수로 두각을 나타낸 변호사와 명문 의대를 나온 소아외과 의사, 형제가 많은 막내와 외동아들로 둘은 정말 같은 부분이 거의 없었다.)

어쨌거나 어릴 때부터 의학에 관심이 많던 에버렛 쿱은 열네 살 무렵 컬럼비아 대학 의대 실습실에 몰래 숨어들거나 지하실에 자신만의 수술방을 만들어 작은 동물을 수술하기도 했다. 고등학생 무렵에는 방학 때마다 근처 병원에서 자원봉사자로 일할 정도로 의사가 되기를 간절히 원했다. 다행히 학업 성적도 우수해서 다트머스 대학과 코넬 대학 의과대학을 졸업하고 소아외과를 전공했다. 그렇게 전문의가 된 에버렛 쿱은 보건총감이 되기 전까지 35년 동안 필라델피아 아동병원에서 소아외과 의사로 일했다.

그는 외과의 여러 분야 가운데도 소아외과, 또 소아외과의 여러 분야 가운데도 선천 기형에 대한 수술을 전문 분야로 선택했다. 특히 식도폐쇄증(esophageal atresia) 치료에 집중했다. 식도폐쇄증은 식도와 위가 연결되지 않은 선천성 기형으로 식도 자체가 아예 없는 사례도 있다. 요즘에는 수술로 어렵지 않게 치료할 수 있으나 에버렛 쿱이 막 전문의가 된 시절에는 사망하는 사례도 많았다. 에버렛 쿱은 이제 막 태어난 영아의 가슴을 열고 환아 본인의 장 일부를 잘라 식도를 만드는 수술법을 고안했다. 에버렛 쿱의 이 방법은 간단하게 보이나 당시 기준으로는 대담하고 혁신적인 수술이었고 오늘에도 여전히 식도폐쇄증의 표준 수술법으로 쓰인다. 또 그는 샴쌍둥이(몸의 일부가 붙어서 태어나는 쌍둥이)를 분리하는 수술에도 훌륭한 실력을 발휘했다.

이렇게 소아외과 의사로 심각한 선천성 기형에 시달리는 영유아를 치료하면서 에버렛 쿱은 강력한 반낙태주의자가 되었다. 애초에 보수적인 기독교인으로 낙태를 찬성하지 않던 성향은 낙태를 합법화하면 수술로 충분히 치료할 수 있는 선천성 기형을 지닌 태아도 '태어날 기회'를 가지지 못할 것이란 생각을 품게 되면서 점점 단단해졌다. 또 보수적인 기독교인이라 마약을 싫어했고 자유로운 섹스와 동성애에도 반대했다. 그러면서 소아외과 의사로 명망이 높고 외모뿐만 아니라 말투와 행동에도 주변을 압도하는 카리스마가 있으며 은근히 과시적인 성격이라 레이건 정권 입장에서는 보건총감으로 에버렛 쿱보다 나은 사람이 없었다.

그래서 1981년 레이건 대통령은 새로운 공화당 정부의 보건총감으로 에버렛 쿱을 선택할 수밖에 없었다. 그러나 정작 보건총감에 오른 에버렛 쿱은 에드워드 케네디 상원의원 같은 진보주의자뿐만 아니라 레이건 대통령을 비롯한 보수주의자에게도 엄청난 충격을 선사한다.

1970년대 말부터 1980년대 초반까지 뉴욕, 로스앤젤레스, 샌프란시스코 같은 대도시 응급실에 아주 심한 폐렴 환자가 많아졌다. 물론 폐렴은 흔한 질환이다. 그러나 그 무렵 대도시 응급실에는 폐포자충 폐렴(pneumocystis pneumonia)이란 아주 특이한 종류의 폐렴이 갑작스레 증가했다. 폐포자충 폐렴은 보통 사람에서는 극히 드물고 암 환자와 장기 이식을 받은 사람처럼 면역이 약해진 경우에 발병하는데, 당시에는 마약 중독자와 동성애자를 중심으로 갑자기 창궐했다. 응급실 의사와 호흡기내과, 감염내과 의사가 경악하는 동안 서서히 질병의 정체가 밝혀졌다. 환자들은 모두 면역이 심각히 떨어진 상태였고 곧 바이러스에 의한 감염병이 원인으로 알려졌다. 후천성면역결핍증후군(에이즈, AIDS: Acquired Immune Deficiency Syndrome)이란 이름을 얻은 이 질병은 인간면역결핍바이러스(HIV: Human Immunodeficiency Virus)가 원인이며 일상생활을 같이하는 정도로는 전염하지 않으나 혈액과 정액에 노출되는 밀접 접촉으로 전염되고 수직 감염도 가능하다는 것을 연구진이 발견했다.

보건총감이 된 에버렛 쿱은 낙태보다 이 새로운 질병이 심각한 문제임을 깨달았다. 그래서 그는 후천성면역결핍증후군을 막는 것에 총력을 기울였다. 정부와 학계가 협력하여 연구를 진행한 결과 인간면역결핍바이러스의 특성상 짧은 시간 내에 예방접종이나 효과적인 치료제를 개발할 수 없다는 것이 드러났다. 그래서 그는 예방에 주력했다. 보수적인 장로교인이었던 에버렛 쿱이 '혼전 순결', '엄격한 일부일처제', '동성애 금지' 같은 정책을 추진했을 거라 예상할 수 있으나, 사실 그는 소아외과 의사 출신이라 대단히 현실적이고 합리적이었다. 그래서 '혼전 순결', '엄격한 일부일처제', '동성애 금지' 같은 비현실적인 정책 대신 학생들에게 콘돔을 나누어 주면서 '안전한 성관계'를 교육하고 마약 중독자에게 공짜로 깨끗한 일회용 주삿바늘을 지급했다.(하나의 바늘로 여러 명이 마약을 투약하는 것이 후천성면역결핍증후군의 주요 감염 경로였기에 깨끗한 일회용 주삿바늘의 지급은 아주 중요했다.)

그런 행동에 보수 진영은 경악했다. 특히 복음주의 교회가 발칵 뒤집혔다. 자유로운 섹스와 동성애를 '소돔과 고모라'에 비유하며 비난해야 할 '기독교인 보건총감'이 콘돔을 나누어 주고 마약쟁이에게 새로운 바늘을 지급하다니. 어제의 친구에게 뒤통수를 단단히 맞은 셈이라 보건총감에 대한 비난이 들끓었으나 에버렛 쿱은 눈 하나 깜짝하지 않았다. 그는 분명히 보수적인 기독교인이나 그건 어디까지나 사적인 영역일 뿐이며 공적인 영역에서는 보건총감이었기 때문이다.

그래도 레이건 행정부와 복음주의 교회 지도자는 에버렛 쿱에 대한 기대를 버리지 않았다. 후천성면역결핍증후군에 대해서는 현실적으로 아이들에게 콘돔을 나누어 주고 마약 중독자에게 무료로 일회용 주삿바늘을 지급할 수밖에 없어도 그 문제가 일단락되면 낙태에 관해 강경한 정책을 추진할 것이라 기대했다. 그들은 단순한 기대에 머무르지 않고 에버렛 쿱에게 '낙태가 여성에게 매우 해롭다'는 공식 성명을 내도록 압력을 행사했다.

그러나 이번에도 에버렛 쿱은 보수주의자의 기대를 짓밟았다. 그는 낙태를 부정적으로 묘사하는 어떤 공식 성명도 발표하지 않았다. 대신 임기의 마지막 해인 1989년, 레이건 대통령에게 보내는 서신에서 '낙태가 여성의 건강에 부정적 영향을 끼친다는 명확한 의학적 근거가 없다'고 언급하며 낙태를 규제하려는 정권의 계획에 저항했다. 물론 그 순간에도 에버렛 쿱은 개인적으로는 낙태를 반대했다. 다만 그는 낙태에 대한 찬성과 반대가 '의학적 문제'

가 아니라 '도덕적 문제'에 해당한다고 판단했다. 또 미국의 도덕적 타락을 바로잡는 것이 아니라 보건 정책을 총괄하는 것이 보건총감의 임무라고 생각했기 때문에 낙태가 여성의 건강을 위협하지 않는 이상 개입할 수 없다고 판단했다.

낙태와 후천성면역결핍증후군을 다루는 이런 태도 덕분에 에버렛 쿱을 보건총감에 임명하는 것을 환영했던 보수주의자들은 분노했고 에드워드 케네디 상원의원을 비롯한 진보주의자들은 안도했다. 하지만 에버렛 쿱은 낙태와 후천성면역결핍증후군에만 관심을 기울이지는 않았다. 에버렛 쿱이 보건총감으로 관심을 기울인 또 다른 문제는 보수와 진보 모두를 분노하게 만들었고, 그가 해군 중장의 제복을 입는 원인을 제공했다.

담배는 술과 함께 합법적으로 구할 수 있는 대표적인 중독 물질이다. 그러나 술이 거의 역사가 시작할 무렵부터 존재했던 것과 달리 담배의 역사는 길지 않다. 아메리카 원주민이 종교 의식에서 사용하던 것을 스페인 정복자가 받아들였으니 기껏해야 400~500년 정도의 역사를 지닐 뿐이다. 물론 유럽과 아시아에서 환각 물질의 연기를 마시는 행위는 아주 오래전부터 있었으나 대마초나 아편, 허브를 사용했을 뿐 담배를 사용하지는 않았다.

하지만 후발 주자인 담배는 매우 빠른 속도로 퍼져 나갔다. 17~18세기에 이르면 제국주의 국가가 식민지에서 재배하는 주요 작물일 정도로 담배는 일상에 깊이 뿌리내린다. 담배는 단순한 기호품이 아니라 예술가의 영감을 자극하고 사람들의 친목을 도우며 심지어 기침을 다스리는 약초로 사용될 정도였다. 실제로는 여러 가지 발암 물질이 섞여 있으며 호흡기 질환과 심혈관 질환을 일으키는 원흉이나 20세기 초반까지는 그런 사실을 몰랐다. 20세기 중반을 넘어서면서 점차 흡연의 문제가 드러났으나 거대 자본으로 성장한 담배 회사의 위력에 눌려 누구도 지적하지 못했다.

그런 상황에서 에버렛 쿱은 흡연이 폐암 발생과 심혈관 질환의 위험을 증가시킨다는 연구 결과를 근거 삼아 공개적으로 아주 강력한 금연 홍보에 나섰다. 그런 행동은 콘돔과 일회용 주삿바늘을 나누어 주는 것보다 큰 문제를 만들었는데, 단순히 담배 회사만 연관된 일이 아니기 때문이다. 담배 공장이 있는 지역 및 담배를 주요 작물로 재배하는 지역에서는 지역 경제가 달린 문제였고, 지역 경제가 달린 문제는 해당 지역 정치인에게 최우선 과제였다. 그래서 이번에는 공화당과 민주당 양쪽에서 공격을 시작했다. 예를 들어 담배 산업이 지역 경제에서 큰 위치를 차지하는 노스캐롤라이나에서는 민주당 출신의 주지사와 공화당 출신의 연방 상원의원이 협력해서 에버렛 쿱을 비난하고 해임을 시도했다.

사실 보건총감은 주목받는 자리도 아니고 강력한 영향력이 있는 자리도 아니다. 에버렛 쿱이 낙태와 후천성면역결핍증후군, 담배 같은 폭발력 있는 사안을 건드리기 전에는 대부분의 미국인이 보건총감이 누구인지 몰랐다. 그러나 흡연의 위험을 알리면서 담배 회사를 건드린 에버렛 쿱은 궁지에 몰렸다.

에버렛 쿱은 이번에도 물러나지 않고 정면으로 위기에 대응했다. 흡연의 위험을 알리는 공익 광고를 늘리고 직접 출연하기로 결심한 것이다. 그리고 자신의 말에 권위를 더하기 위해 양복이 아니라 해군 중장 제복을 입기로 결정했다. 오랫동안 민간인(대부분은 의사)을 임명했으나 보건총감은 1798년 해군 병원을 통솔하기 위해 만든 자리가 시작이다. 18~19세기만 해도 해군 병사 혹은 민간 선원을 통해 외국에서 유입하는 질병이 보건에서 가장 큰 위험이었기 때문에 해군 병원을 통솔하는 보건총감은 당연히 해군 제독이었다. 시간이 흘러 해군 병원을 통솔하는 것에서 나아가 미국 전체의 보건 정책을 총괄하는 독립적인 연방 정부 고위직이 되었으나 전통을 존중하는 의미에서 여전히 형식적으로는 해군 중장에 해당했다. 그래서 에버렛 쿱은 모세를 연상하게 하는 카리스마 넘치는 외모를 더욱 활용하려고 공익 광고 촬영뿐만 아니라 다른 공식 석상에서도 해군 중장의 멋진 제복을 입곤 했다.

에버렛 쿱의 그런 의도는 크게 성공했다. 텔레비전에 나와 불꽃 같은 눈빛으로 '흡연은 대단히 해롭다'고 주장하는 에버렛 쿱은 큰 대중적 인기를 얻어 레이건 대통령도 함부로 할 수 없는 존재가 되었다.(재미있게도 에버렛 쿱 이후 대부분의 보건총감은 해군 중장 정복을 착용한다.) 금연 정책 역시 크게 성공해서 1981년 33%였던 미국의 흡연율은 1989년에는 26%까지 감소했다. 보건총감의 임기를 마칠 무렵에는 40개 주가 공공장소 흡연을 금지했고 17개 주에서는 직장 내 흡연도 금지되었다.

찰스 에버렛 쿱은 1989년 보건총감에서 물러난 후에도 금연운동을 활발하게 이어가다 2013년 96세의 나이로 사망했다. 에드워드 케네디 역시 47년간 연방 상원의원으로 일한 끝에 2009년 77세의 나이로 사망했다. 둘은 각각 1980년대의 보수적인 정치 환경과 1960년대의 진보적인 정치 환경을 대표하는 인물이며 부유한 특권 계급과 중산층, 가톨릭을 믿는 아일랜드계와 장로교를 믿는 네덜란드계로 거의 모든 면에서 대조적이다. 또 에드워드 케네디가 스캔들로 타블로이드 신문을 장식하고 법정 싸움까지 간 것과 비교하여 찰스 에버렛 쿱은 모범적인 결혼 생활을 유지했다. 따라서 둘은 각각 20세기 후반 미국의 진보주의자와 보수주의자를 대표하는 전형적 인물이다. 그럼에도 찰스 에버렛 쿱은 낙태와 흡연, 후천성면역결핍증후군 같은 문제를 판단할 때는 보수주의란 정치 성향이 아니라 전문가로 지켜야 할 양심과 의무를 따랐다.

이 책에는 청교도 혁명 당시 왕당파였던 윌리엄 하비와 빅토리아 여왕의 주치의였던 존 스노, 국수주의자라 불러도 이상하지 않을 만큼 열렬한 애국자였던 파스퇴르처럼 정치적 배경을 지닌 의사들이 종종 등장했으나 직접 정치적 일을 수행한 사람은 에버렛 쿱뿐이다. 따지고 보면 '의학자'보다 '의료 행정가'로 크게 공헌한 에버렛 쿱을 이 책의 마지막 인물로 싣는 이유는 현대 사회에서는 좋은 보건 정책이 위대한 의학적 발견만큼이나 큰 의미를 지니기 때문이며, 또 에버렛 쿱이야말로 어느 등장인물보다 자신의 뜻을 지키기 위해 나머지 세상과 맞서 싸운 인물이기 때문이다.

찰스 에버렛 쿱

Charles Everett Koop, 1916~2013

1916년에 태어나 2013년 사망한 미국의 의사이자 의료 행정가. 1946년부터 1981년까지 필라델피아 아동병원(CHOP)에서 소아외과 전문의로 일했다. 선천적 식도폐쇄증 수술과 샴쌍둥이 분리 수술에 일가견이 있어 큰 명성을 얻었고, 경건한 기독교인으로 강력한 낙태 반대론을 주장했다. 그런 활동에 힘입어 1982년 레이건 대통령이 이끈 공화당의 보수주의 행정부에서 13대 보건총감(Surgeon General) 자리에 올랐다.

그러나 '낙태는 도덕의 문제일 뿐, 보건총감 입장에서 금지할 의학적 위험은 아니다'라는 주장을 펼쳤고, 오히려 에이즈를 예방하기 위하여 청소년에게 콘돔을 나누어 주고 마약 중독자에게 일회용 주삿바늘을 지급하는 정책을 펼쳐 보수주의 진영의 기대를 깨뜨렸다. 또 흡연의 위험을 공식적으로 인정하고 강력한 금연 정책을 펼치면서 공화당을 후원하는 담배 회사와 대립했다. 그 결과 쿱의 재임 기간 동안 미국의 흡연율은 33%에서 26%로 크게 감소했다.

반항하는 의사들

파라켈수스부터 에버렛 쿱까지
세상을 바꾼 12명의 의사 이야기

ⓒ 곽경훈 2021

2021년 4월 22일 초판 1쇄 발행
2024년 9월 20일 초판 2쇄 발행

지은이 곽경훈
펴낸이 류지호
편집 김희중, 이기선 · **디자인** firstrow

펴낸곳 원더박스 (03169) 서울시 종로구 사직로 10길 17, 301호
대표전화 02) 720-1202
출판등록 제2022-000212호(2012. 6. 27.)

ISBN 979-11-90136-43-3 (03900)

• 잘못된 책은 구입하신 서점에서 바꾸어 드립니다.
• 독자 여러분의 의견과 참여를 기다립니다.
  블로그 blog.naver.com/wonderbox13 · 이메일 wonderbox13@naver.com